〈写真・広瀬徹〉

語録 02

敬神崇祖（けいしんすうそ）

「神を敬い先祖を崇めるという言葉。この気持ちで子どもを育てれば、山梨は良くなると思う」

（2015年10月8日、北里生命科学研究所でのインタビュー）


「敬神崇祖。まずは、私をつくってくれたご先祖様と、こういう環境をつくってくれた神様に感謝したい」

（同年12月11日、ストックホルムでノーベル賞授賞式後のインタビュー）

ノーベル賞授賞式

〈上〉ノーベル賞授賞式で、スウェーデンのカール16世グスタフ国王（右）から医学生理学賞のメダルと賞状を受け取る大村智・北里大特別栄誉教授＝ストックホルムのコンサートホール（共同、2015年12月10日）

〈右下〉ノーベル賞授賞式後の晩さん会で席に着く大村智・北里大特別栄誉教授（中央）＝ストックホルム市庁舎（代表撮影・共同、2015年12月10日）

語録 03

一歩一歩が今日につながる

「山梨大で初めて微生物を扱い、微生物の力がすごいと思った。その感動があって、北里研究所では今まで勉強してきた化学と微生物の力を組み合わせれば、世の中の役に立つことができそうだと感じた」（２０１５年10月17日、韮崎大村美術館で会見）

ノーベル賞授賞式で、医学生理学賞のメダルと賞状を受け取った大村智・北里大特別栄誉教授＝ストックホルムのコンサートホール　（共同、2015年12月10日）

語録 04

失敗は成功のもと

「成功者は、見えないけれど誰よりも失敗を重ねている。思ったことに失敗しても、まだまだ失敗が足りないと思って取り組んでほしい」

（2015年10月8日、北里生命科学研究所でのインタビュー）

「新しいことに挑戦して。新しいことをすれば必ず失敗するが、その失敗は必ず将来の宝になる」

（同年12月6日、ストックホルムでの公式記者会見後の取材）

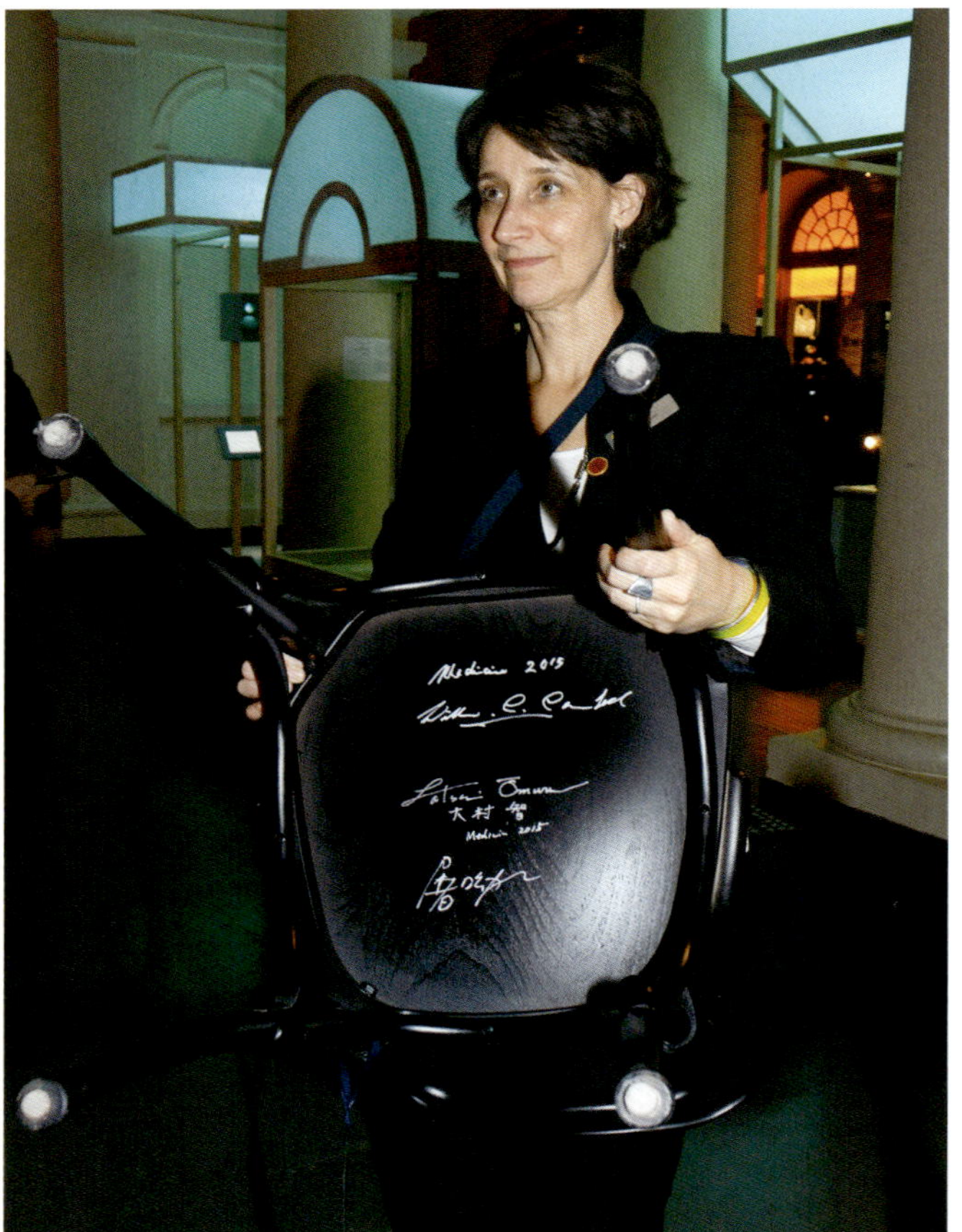

〈上〉ホテルに到着した大村智さん
＝ストックホルム（2015年12月5日）

〈下〉ノーベルミュージアムの椅子の裏に書かれた大村智さんのサイン
＝ストックホルム

ノーベルミュージアムの訪問を終え取材に答える大村智さん=ストックホルム
（2015 年12 月6 日）

大村智さんの滞在先のホテル=ストックホルム

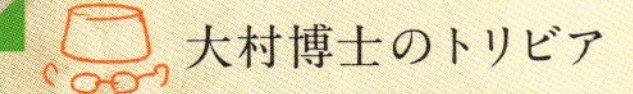
大村博士のトリビア

【茶人帽】

大村智博士のトレードマークになっている黒やダークブラウンの帽子。茶人帽、または連歌や俳諧、茶道などの宗匠が好んでかぶったことから宗匠頭巾ともいわれる。博士は、25 年ほど前から家の中でかぶり始めた。ノーベル賞受賞が決まる直前、散歩の途中で石段を踏み外しけがをした際に、帽子をかぶっていたため頭部の保護などに役立ったという。それ以来、外出時に着用することも。韮崎や東京・世田谷の自宅などに置いていて、５～６個持っている。

目標は人材育成

「（今後の目標は）人材育成。若い人たちが、のびのびと研究できるような環境をつくりたい」（2015年12月13日、羽田空港内のホテルでの記者会見）

授賞式、晩さん会を終え、滞在先のホテルに到着した大村智さん。中央は長女・育代さん＝ストックホルム（2015年12月10日）

大村智さんがストックホルムに持参した写真。左が亡き妻・文子さん、右は共同研究者の故大岩留意子さん＝ストックホルム（2015年12月6日）

大村智さんがノーベルミュージアムに寄贈した記念品＝ストックホルム

後藤斎知事（左）にノーベル賞のメダルを披露する大村智さん＝山梨県庁（2015年12月21日）

語録 06

微生物は無限の資源だ

「われわれ人間が抱える課題の答えは全て、自然の中にあると私は常に信じてきた」（2015年12月7日、ストックホルムでのノーベル賞受賞記念講演）

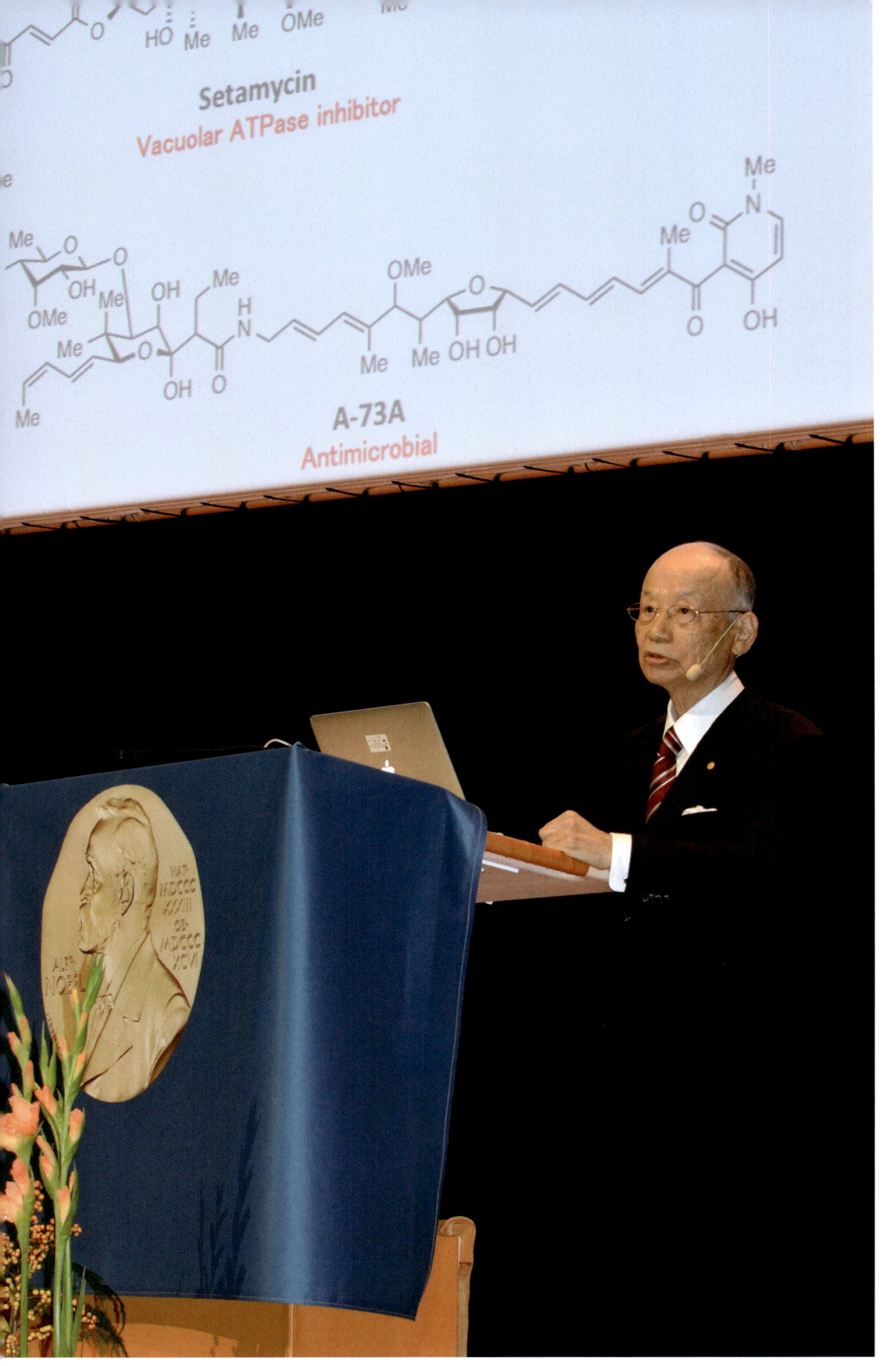

ノーベル賞受賞の記念講演をする大村智さん＝ストックホルム（2015年12月7日）

大村智さん受賞記念講演（要旨）

「地球からのすてきな贈り物」

ノーベル賞に選んでくださった選考委員会に感謝申し上げる。私は多様な研究者と研究機関のグループを代表してここにいると思う。

【共同研究】

イベルメクチンは（米製薬大手の）メルクと私たちのグループの共同研究で生まれた。

研究のステップを紹介する。毎年2千種類以上の微生物を土壌サンプルから抽出。それを培養し、いろいろな試験にかけて、何か面白い物質を作っていないかを調べる。有望な物質は保存し、研究対象にする。

こうした研究にはお金がかかるので、産業界でパートナーを探すことになる。

毎年、10種類の新しい物質を発見してきた。これまでに26種類が人間や動物の薬などとして利用されている。100種類以上が化学合成の標的となり、有機化学の発展に大きく貢献してきた。

幸運にも1970年代初頭、米ウェズリアン大学のマックス・ティシュラー教授の紹介で、メルクと新たに国際共同研究を始めることができた。今では珍しいことではないが、これが産学連携の先駆けとなった。

科学研究は独りではできない。私はさまざまな分野、さまざまな国の研究者と共同研究を行うことができた。現在、研究は多分野の研究者チームで行われるが、イベルメクチンはその先駆的な例だと思う。

共同研究を通じて、多くの興味深い物質を見つけられた。中でも（共同受賞者の）キャンベル氏が特定したエバーメクチンは最も独特で重要で、体内、体外の生物を殺すことができる世界初のものだった。唯一これを作っている生物が、日本の土壌から見つかった（放線菌の一種）ストレプトマイセス・アベルメクチニウスだ。

【多くの病気に薬】

イベルメクチンは81年に動物の薬として導入された。その後、メルクと世界保健機関（WHO）はアフリカや中南米の貧しい人々を悩ませていたオンコセルカ症（河川盲目症）に対する武器になることを突き止め、人間の薬として87年に製品化された。すぐに医薬品の寄付事業が始まり、世界で最も長続きし、かつ成功した事業になった。イベルメクチンのおかげで、アフリカで生まれてくる子供たちにはもう感染症による失明の恐れがない。2000年にはリンパ系フィラリア症（象皮症）も対象になった。

リンパ系フィラリア症は20年まで、オンコセルカ症は25年までに公衆衛生上の問題ではなくなるだろう。

しかし、これで終わりではない。イベルメクチンは糞（ふん）線虫症や疥癬（かいせん）にも使われている。さらに、さまざまな顧みられない熱帯病に使えることが示されている。

イベルメクチンの発見は、日本では私たちの研究資金となり、病院の建設にもつながった。エバーメクチンは間違いなく、素晴らしい大地からの贈り物だ。

エバーメクチンを作る放線菌のゲノム（全遺伝情報）解読は03年に完了した。イベルメクチンへの耐性は人ではまだ現れていないが、その時に備え、遺伝子操作によって、代替となる物質を作ろうとしている。

【一期一会】

私の哲学を簡単に説明したい。われわれ人間が抱える課題の答えは全て、自然の中にあると私は常に信じてきた。微生物は無限の資源だ。私は1970年代からそう言い続けてきた。

そして、50年にわたる研究を通じ、それが正しかったことが証明された。幸運にも、イベルメクチンのほか、多くの有用な物質を見つけることができた。

世界中の人々に健康と社会経済的な利益をもたらすような物質を探し続けていきたいし、次世代の科学者たちにも取り組んでもらいたい。

私は50年間、生化学や微生物学、臨床医学の専門家らと仕事をしてきた。常に信条としてきたのは、茶の湯の心得とされる「一期一会」だ。

どの機会も二度と訪れることはない。訪れたチャンスをつかみ取ること、仲間や微生物たちに深い尊敬と思いやりを抱き続けることが大切だ。そうした思いが、科学研究や発見の基礎になる。

発見に至った素晴らしい旅路のあらゆる場面で私を助けてくれた人たちに深く感謝している。

（2015年12月7日、ストックホルム共同）

語録 07

金を残す人間は下、仕事を残す人間は中、人を残すのが上 私は「上」になりたい

（2015年12月11日、ストックホルムでのインタビュー）

授賞式インタビュー

ノーベル医学生理学賞を受賞した大村智・北里大特別栄誉教授が授賞式の後、山梨日日新聞のインタビューに語った内容は次の通り。

―授賞式、晩さん会の感想は。

「一緒にストックホルムに来ている長女とは日ごろ言葉を交わす機会も少なかった。控えめな性格の娘に、もっと積極的になってほしいと思っていた。しかし授賞式後、選考委員にあいさつをしていた際、娘が割り込むように入ってきて『お父さんおめでとう』と言ってくれた。それには大いに感動した。私にとって、この旅で一番のプラスになった」

―メダルを手にした感想は。

「まず美しい。そして重い」

―晩さん会では王族とどんな会話をしたのか。

「隣に座ったクリスティーナ王女は気さくで、いろいろな話ができた。スカンジナビアの歴史を熱心に説明してくれたほか、美術の話で盛り上がった」

―帰国後、受賞の報告はまず誰にしたいか。

「やはり『敬神崇祖』。まずは、私をつくってくれたご先祖様と、こういう環境をつくってくれた神様に感謝したい」

―受賞の経験を後進の育成にどう生かすのか。

「若い人たちには、勉強をするとこういう喜びもある、みんなに祝福されるということもあると分かってもらいたい」

―今年を漢字一文字で表すと。

「『至』。薬学の先輩である野口照久先生に若いころ、『ストックホルムへの道を歩きなさい』と言われた。良い勉強、研究をして将来ノーベル賞をもらえというげきを飛ばされた。当時はノーベル賞などとんでもなく、ストックホルムは遠い存在だったが、今回の受賞でストックホルムに降り立った際、先生の言葉がよみがえった」

―今後の目標や抱負は。

「賞をもらって終わりではなく、また新しく出発するという心構えでいる。目標は人材育成。後藤新平も『金を残す人間は下、仕事を残す人間は中、人を残すのが上』と言っている。私は『上』になりたい」

―賞金の使い道は。

「一番効果的に人材育成に使ってくれる法人などに差し上げたいと思っている。私を育ててくれた山梨大学とか、東京理科大学というのは具体的に考えている。人材育成に使ってほしい」

―故郷の山梨へ一言。

「山梨には励ましてくれる人、喜んでくれる人がいて、自然もある。私を大きく包んでくれた。今回の受賞もみなさんに喜んでいただいたり、お祝いの言葉を掛けられたのはとてもうれしい。韮崎には、新しくできる『幸福の小径』のオープニングに合わせて20日に帰る予定。約束通り、メダルも持っていく」

（2015年12月11日　ストックホルム山梨日日新聞＝木下澄香）

ノーベル医学生理学賞の賞状

ノーベル賞決まる

ノーベル医学生理学賞に決まり、記者会見する大村智さん＝東京都港区
（共同、2015 年10 月5 日）

「農」まさに科学

（2015年10月7日、北里大でのインタビュー）

写真中央付近の大きな建物が大村智さんの通った韮崎中（当時）。その奥には大村さんの生まれ育った神山地区が広がる（1955年前後、本人提供）

ノーベル医学生理学賞の受賞が決まった大村智・北里大特別栄誉教授（80）＝韮崎市出身、山梨大卒＝が7日、東京・北里大で山梨日日新聞の単独インタビューに応じ、「研究の原点は山梨。自然の中で科学する心が養われた」と古里への思いを語った。友人や恩師との出会いに恵まれたという研究者人生を述懐。次代を担う山梨の若者に「一期一会を大切にしてほしい」とメッセージを送った。

甲府盆地を見下ろす韮崎市神山町で、農家の長男として生まれた大村氏。故郷について「頂上まで行けないような深い山がある自然の中で育てられた。とても幸せだった」と振り返った。

父親からは養蚕や畑仕事など、農業をみっちりと仕込まれた。農民はまさに科学者だったと言い、「例えば養蚕ならばカイコの生態を知り、蚕室の温度管理ができなければ養蚕業はできない。農作業を通じて科学する心が養われた」と語った。

生き方に大きな影響を与えたのが、祖母の志げさんだった。「情けは人のためならず、巡り巡って己がため」というのが口癖。「祖母は生き字引と言われるほど、記憶力が抜群。それだけではなく、人生にとって大切なことを数多く教わった。ことあるごとに、『智、一番大切なのは人のためになることだよ』と諭された」

山梨の若者へのメッセージとして、色紙に「一期一会を大事にしましょう」と書いた。山梨大を卒業後、都内の夜間高校の教諭となったことが転機となった大村氏。日が暮れるまで働き、夜は懸命に学ぶ生徒の姿に心を打たれ、「学び直そう」と研究者の道を歩み始めた。米国の大学に留学した際は世界的な学者に知己を得て、製薬会社から破格の研究費を受けて実験に没頭。今回の授賞理由となった熱帯感染症の特効薬の開発に結びついた。

「一期一会を大切にして、これまでの人生を歩んできた。良き友人や素晴らしい先生にも巡り会えた」。その言葉に、多くの人との出会いに支えられ、研究者として仕事をなすことができたという思いが濃くにじんだ。〈前島文彦〉

（2015年10月8日の山梨日日新聞）

故郷へ帰る

(上)笑顔で会見に応じる大村智さん（2015年10月17日）

(右)ノーベル医学生理学賞の受賞決定を祝う会で、割られたくす玉の下で笑顔を見せる大村智さん（中央）＝いずれも韮崎市神山町鍋山（2015年10月18日）

自然と芸術は人間をまともにする

「古代ローマ時代から言われている。韮崎に帰ってくると、緑がいっぱいで眺望が素晴らしい。世界中を歩いたが、これだけきれいな場所はない。韮崎の皆さんは自覚してほしい。こうした自然と（韮崎大村美術館の）芸術を楽しんでほしい」

（2015年10月18日、韮崎市神山町での祝う会）

市内外から多くの人が集まった大村智さんのノーベル賞受賞を祝う会＝韮崎市神山町鍋山（2015年10月18日）

語録 10

歴史を学ぶ習慣

「あるポジションを与えられると、まずポジションの歴史を探る。発展させるにはどうすればいいかと考えれば、道が見えてくる」

（2015年10月8日、北里生命科学研究所でのインタビュー）

再会を喜び合う大村智さん（右）と姉の山田淳子さん＝韮崎市神山町鍋山（2015年10月16日）

大村智さんの母校の韮崎北西小は、全校児童１８６人が大村さんへのメッセージを記した横断幕を玄関脇に掲示した。「ノーベル賞おめでとうございます」「ぼくも人のやくにたつ人になります」などのメッセージが並ぶ

お祝いムード 古里沸く

（2015年10月15日の山梨日日新聞）

（写真上）韮崎駅前の「球児の像」の前には、市がノーベル賞受賞を祝う看板を設置。「成功した人は倍も３倍も失敗している。失敗を繰り返してもやりたいことをやりなさい。大事なのは人のためになること」という大村さんの言葉を記している
（写真左）中心街に掲げられたノーベル賞受賞を祝うタペストリー。県道の両側の街路灯に付けられ、通行人の目を引いている　＝韮崎市本町２丁目

11 語録

至誠惻怛

（しせいそくだつ）

「江戸時代、備中にいた学者で藩の改革を成し遂げた山田方谷が、長岡藩の河井継之助に贈った言葉。真心と慈愛の心をもって取り組めば、必ずことはうまくいくという意味だ」（2015年10月26日、山梨大特別栄誉博士授与式）

「特別栄誉博士」の称号記を受け取る大村智さん（左）＝山梨大甲府キャンパス（2015年10月26日）

大村さんの偉業たたえる

ノーベル医学生理学賞の受賞が決まった北里大特別栄誉教授の大村智さん（80）＝韮崎市出身＝が26日、母校の山梨大で「特別栄誉博士」の称号を授与された。県庁では「特別文化功績者」として表彰された。

大村さんは山梨大で、約350人の学生らを前に「志に向かって行動することが大事。一期一会を大切に、慈愛の心を持ってほしい」とエール。自身の学生時代を振り返り「成績は低空飛行だったが、さまざまな分野の講義を受け、いつでも実験できる環境だった。微生物の力を知り、健康や福祉のために役立てたいと思うようになった」と語った。

島田真路学長は「大村さんは学生にとって誇れる存在。厳しい時代を迎えた地方大学の励みになる」とあいさつ。学生を代表し、教育人間科学部4年の渡辺実恵子さん（23）が「大村さんの『人のために努力する』という信念を手本に、後輩として恥じぬよう努力する」と述べた。

大学の授与式に先立ち、県庁では、後藤斎知事が「特別文化功績者」として大村さんを表彰。大村さんは「生粋の甲州人だと自負している。上京後も山梨の自然や人々に触れて英気を養い、『また頑張ろう』という思いを重ねてきた」とあいさつした。

後藤知事は「ノーベル賞受賞は県民一同、大変光栄なこと。自身の研究や後進の育成にご活躍いただきたい」と述べた。〈川村咲平、樋川義樹〉

（2015年10月27日の山梨日日新聞）

「至誠惻怛」と書いた色紙を掲げる大村智さん＝山梨大甲府キャンパス（2015年10月26日）

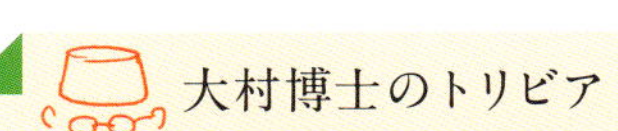

大村博士のトリビア

【幻の山梨大学長】

大村智博士は1996年、山梨大の学長予定者選挙で当選し、就任要請を受けている。当時、北里研究所の所長で、「要職にあり、重要な仕事もやり残している。関係者にも相談したが、今回の話は辞退したい」と回答。母校の学長就任は見送りとなった。

大村さん「亡き妻に報告」

発行所 山梨日日新聞社
〒400-8515 甲府市北口2-6-10
電話(055)231-3000
編集 231-3111 FAX 231-3161
事業 231-3121 出版 231-3105
広告 231-3131 販売 231-3132

ノーベル賞 授賞式・晩さん会

最良の時間刻む

【ストックホルム共同】10日夕(日本時間11日未明)、ストックホルムで開かれた2015年のノーベル賞の授賞式で、カール16世グスタフ国王から医学生理学賞のメダルと賞状を授与された大村智・北里大特別栄誉教授(80)＝韮崎市出身＝は、あらためて受賞の喜びをかみしめた。

大村さんは授賞式後、「言葉にならないくらい感動した。(亡くなった妻には)いい式典だったよと(報告したい)。皆さんのおかげだ。この薬が実際に使われるようになったのは何百人、何千人といってもいいぐらいの人が関わって有効性が分かってきたからだ。最初のところでわれわれがやったということだけであって、実際はみんなで表彰されなければいけないと思っている。(授賞式は)楽しかった。(メダルは)まだよく見てないから分からないが(授与されるときは)それは緊張しました」と語った。

式典は市内のコンサートホールで開催、大村さんは長女育代さん(43)が見守る中、晴れの舞台に登場。医学生理学賞の授賞理由が読み上げられ、ファンファーレが響く中、メダルと賞状が授与された。

大村さんは授賞式後、ストックホルム市庁舎に移動。国王らとの晩さん会に出席した。

ノーベル賞授賞式を終え、メダルを手にする大村智・北里大特別栄誉教授＝ストックホルムのコンサートホール(共同)

詳報はあすの山梨日日新聞で

試読・購読のお申し込みは

フリーダイヤル(通話無料) 0120—320—117(サンニチハイイナ)

本紙が号外発行

山梨日日新聞社は、大村智さんがノーベル賞授賞式に出席し医学生理学賞のメダルと賞状を授与されたことを速報する号外と、ノーベル医学生理学賞受賞を速報する号外を発行。ＪＲ甲府駅前などで配布しました。電子版「さんにちＥｙｅ」でも配信しました。

（号外）　山梨日日新聞　2015年12月11日　金曜日　（2）

荘厳に、華やかに祝福

ノーベル賞授賞式後の晩さん会で談笑する大村智・北里大特別栄誉教授。左はスウェーデンのロベーン首相のパートナー　＝ストックホルム市庁舎（共同）

【ストックホルム共同】ノーベル賞の授賞式を終えた大村智・北里大特別栄誉教授は10日夜（日本時間11日未明）、スウェーデン国王らが列席する晩さん会に出席、荘厳な雰囲気を楽しんだ。

晩さん会はストックホルム市庁舎の「青の広間」で開かれ、えんび服やロングドレスで正装した約1300人が一堂に会した。大村さんら受賞者は王族らと中央の長テーブルに座り、地元食材にこだわったコース料理を味わった。

大村さんは着物姿の長女育代さんとともに2階のテラスから中央の大階段を下りて入場。授賞式の緊張から解かれた様子で、隣席の王族らとグラスを合わせ、振る舞われた酒をおいしそうに飲んでいた。

出身地・韮崎で「万歳」

大村さんの出身地・韮崎市では11日未明、ノーベル賞授賞式の観覧会が開かれ、地元住民や大村さんの母校・山梨大の学生らが中継映像を見守った。

会場の同市役所には200人余りが来場。大村さんにノーベル賞が授与されると、クラッカーを鳴らしたり、万歳三唱をしたりして、大村さんの偉業を祝福した。

大村さんがノーベル賞を受賞するライブ映像を見た後、万歳をする市民ら　＝韮崎市役所

大村智氏 ノーベル賞

韮崎出身 医学生理学賞

寄生虫薬、年2億人救う

山梨日日新聞
発行所 山梨日日新聞社
〒400-8515 甲府市北口2-6-10
電話(055)231-3000
編集 231-3111　FAX 231-3161
事業 231-3121　出版 231-3105
広告 231-3131　販売 231-3132

号外

ノーベル医学生理学賞を受賞した大村智氏

【ストックホルム共同】スウェーデンのカロリンスカ研究所は5日、2015年のノーベル医学生理学賞を、アフリカなどの感染症に大きな治療効果を挙げている薬剤「イベルメクチン」を開発した大村智・北里大特別栄誉教授（80）＝韮崎市出身、山梨大卒＝に授与すると発表した。年間2億人に使われ、多くの命を救う発明が、最高の栄誉に輝いた。

日本人のノーベル賞受賞は2年連続23人目。医学生理学賞は12年の山中伸弥京都大教授以来3人目。日本オリジナルの研究成果が評価された。

大村氏は、日本の土壌で発見した細菌の作り出す物質が、寄生虫に効果があることを発見。1973年からの米メルク社との共同研究でイベルメクチンを開発した。この薬は、線虫類やダニ、ウジなどの寄生虫に高い効果があり動物用の薬として普及した。

動物だけでなく人にも有効と判明。失明することもある熱帯病のオンコセルカ症（河川盲目症）や、リンパ系フィラリア症（象皮症）の特効薬となった。世界保健機関（WHO）は、この薬のおかげで2020年代にいずれの病気も撲滅できると見込んでいる。

00年、山梨日日新聞社、山梨放送など制定の野口賞を受賞している。

「とても幸せな日」

訪問したアフリカのガーナで子どもたちに囲まれる大村智氏（2004年9月、本人提供）

ノーベル医学生理学賞に決まった大村智氏のコメント　ありがとう。驚きました。他に優れた研究者はたくさんいるが、私はラッキーだったのかもしれない。とても幸せな日です。

（ノーベル財団のインタビューに）

大村智氏の略歴

1935年	韮崎市に５人きょうだいの長男として生まれる
54年	韮崎高卒業
58年	山梨大学芸学部自然科学科卒業。大学時代、熱中したスキーで国体出場
63年	東京理科大大学院理学研究科修士課程修了
65年	北里研究所入所
68年	薬学博士号取得（東京大）
70年	理学博士号取得（東京理科大）
71年	米国ウエスレーヤン大客員教授
90年	北里研究所理事・所長
97年	女子美術大理事長
2000年	野口賞（山梨日日新聞社、山梨放送など制定） 韮崎市名誉市民
01年	日本学士院会員
02年	山梨県政特別功績者
05年	山梨県総合理工学研究機構総長
07年	北里大名誉教授
08年	北里研究所名誉理事長
11年	瑞宝重光章
12年	文化功労者 韮崎市民栄誉賞
13年	北里大特別栄誉教授
14年	カナダ・ガードナー賞受賞

自らが設立した韮崎大村美術館（韮崎市）で語る大村智氏（2012年）

12 語録

人のためになることができないか考えてきた

（2015年10月5日、共同通信の電話インタビュー）

山梨日日新聞でたどる歩み

■2015年10月6日掲載

受賞発表～授賞式

ーベル賞

医学生理学賞

県人初の偉業

熱帯病特効薬を開発

【ストックホルム共同】スウェーデンのカロリンスカ研究所は5日、2015年のノーベル医学生理学賞を、アフリカなどで寄生虫が引き起こす熱帯感染症に大きな治療効果を挙げた特効薬を開発した大村智・北里大特別栄誉教授(80)＝韮崎市出身、山梨大卒＝ら3人に授与すると発表した。途上国を中心に年間3億人に投与され、人命を救う薬の発見が最高の栄誉に輝いた。日本人のノーベル賞受賞は2年連続で23人目。山梨県出身者の受賞は初めて。医学生理学賞は利根川進米マサチューセッツ工科大教授(76)と山中伸弥京都大教授(53)に続く3人目の快挙で、日本オリジナルの研究成果が高く評価された。

＝「きょうの紙面」に関連記事一覧

大村氏は共同通信の電話インタビューに「微生物のすごい能力を何とか引き出そうとしてきた。何か一つでも人のためになることができないか、いつも考えてきた」と喜びを語った。

受賞が決まったのは大村氏と米ドリュー大のウィリアム・キャンベル氏(85)、中国中医科学院の屠呦呦氏(84)の計3人。大村氏とキャンベル氏は同じテーマの共同受賞で、屠氏は抗マラリア薬の発見が

大村智氏

韮崎市出身

受賞理由　幅広い感染症治す

大村智・北里大特別栄誉教授と米ドリュー大のウィリアム・キャンベル博士は、寄生虫が引き起こす感染症に効き目を示す薬「イベルメクチン」を開発した。オンコセルカ症やリンパ系フィラリア症に劇的効果があったほか、幅広い感染症に有効。中国中医科学院の屠呦呦博士は、マラリア感染による死亡率を大きく下げる薬「アルテミシニン」を発見。これらの発見は、毎年数億人を苦しめる熱帯感染症と戦う新たな手段を人類に与え、計り知れない恩恵をもたらした。

おおむら・さとし氏　1935年7月12日、韮崎市生まれ。韮崎高、山梨大を卒業後、都立墨田工業高の定時制で5年間教師を務めた。東京理科大大学院修士課程を経て、63年に山梨大助手。東京大で薬学博士、東京理科大で理学博士を取得し、75年に北里大教授。2001年に北里生命科学研究所長、07年に名誉教授、13年に特別栄誉教授。89年上原賞、97年コッホ・ゴールドメダル、00年野口賞（山梨日日新聞社、山梨放送など制定）、14年カナダ・ガードナー賞の国際保健賞など受賞。文化功労者、80歳。

ノーベル医学生理学賞に決まり、笑顔で記者会見する大村智・北里大特別栄誉教授＝東京都港区

場の土壌で見つけた細菌の作り出す物質が、寄生虫に効果があることを発見。1973年から米製薬大手メルクと共同研究し、その物質をもとに薬剤「イベルメクチン」を開発した。

この薬は、重症の場合に失明することもある熱帯病のオンコセルカ症（河川盲目症）や、リンパ系フィラリア症（象皮症）の特効薬となり年間3億人が使用。世界保健機関（WHO）は、2020年代にいずれも撲滅できると見込んでいる。

日本でもダニが原因の疥癬（かいせん）症や、沖縄に多い糞線虫症などの治療に威力を発揮している。

授賞式は12月10日にストックホルムで開かれ、賞金800万㌦（約1億2千万円）の半分が屠氏に贈られ、もう半分を大村氏とキャンベル氏が分ける。

大村氏は00年、山梨日日新聞社、山梨放送など制定の野口賞を受賞している。

語録 13

求めていなければ授からない

大村智さんがよく引き合いに出す華道家・勅使河原蒼風さん（1900〜79年）の言葉

■2015年10月7日掲載

受賞 若い人の力に

ノーベル賞 大村氏 みなぎる思い

ノーベル医学生理学賞に決まった大村智・北里大特別栄誉教授(80)＝韮崎市出身、山梨大卒＝は一夜明けた6日、東京都世田谷区の自宅で取材に応じ、「今回の受賞で、若い人が挑戦する気持ちを持ってくれるといい」と述べ、研究を志す若者の弾みとなるよう期待感を示した。原点となった郷里での研究活動に思いをはせながら「日本の将来に大きな影響を持つ人材を地方、特に山梨から育てたい」と、後進育成への思いを語った。〈清水悠希〉

ノーベル医学生理学賞の受賞決定から一夜明け、自宅前で記者の質問に答える大村智・北里大特別栄誉教授＝東京都世田谷区

「人のため」これからも

大村氏は6日午前、北里研究所へ向かう同11時までに3回報道陣の取材に対応。朝食前の同7時半ごろは古里の七里岩から望む富士山の絵画が飾られた自宅居間で、山梨日日新聞などの取材に応じた。

6日は就寝した後、寝たり起きたりを繰り返し、よく眠れなかったと明かした。それでも満面の笑顔を見せ、「もともとノーベル賞をいただくような仕事をしたと思っていなかったので驚いたが、世のためになることができないか考えてきたことが認めてもらえた喜びが湧き、実感が出てきた」と語った。

かつて大村氏自身が、ペニシリンに関する研究でノーベル医学生理学賞を受けた教授と話した体験を披露し、「あの感動は今も忘れない」と振り返った。自らの受賞を受けて「若い人たちが『よし僕も何かやりたい』という気持ちを持ってくれるといい。私がそういう役目だ」と、後進の奮起を期待した。

今後力を入れたいことに人材育成を挙げた。1995年の設立以来、小中学生を対象に研究者がセミナーを行い、科学の普及啓発を担う「山梨科学アカデミー」を話題に「私にできるのはこういう取り組み。全国津々浦々にできれば日本はいい国になる」とした上で、「今やりたいのは大きな影響を及ぼす人材を各地で育てること。私も山梨の生まれだから郷里のため一生懸命やる」と熱弁した。

5日に受賞の報を受けて「心の中で」と真っ先に報告したのは亡き妻文子さん。大村さんは6日朝にも仏壇に向かい、「ノーベル賞もらうことになったよ」と語り掛けたという。

研究生活のため、家計を切り盛りするなど物心両面で支えてきてくれた妻文子さんとの思い出を涙ながらに語った。財布の中の妻、長女が一緒に写った写真を報道陣に見せ、「彼女（妻文子さん）は早くから『あなたはノーベル賞をもらえるわよ』と言っていた。喜んでもらえると思う」と再び笑顔に。12月の授与式に「写真はちゃんともっていかないと」と話した。

■2015年10月17日掲載

館長を務める韮崎大村美術館を訪れ、握手や写真撮影に応じる大村智さん＝韮崎市神山町鍋山

ノーベル賞の笑顔 韮崎に 大村さん

郷里・韮崎市に滞在中の、ノーベル医学生理学賞受賞が決まった北里大特別栄誉教授の大村智さん(80)が16日、館長を務める韮崎大村美術館に受賞決定後初めて姿を見せた。来館者から「おめでとうございます」と口々にお祝いの言葉を掛けられると、大村さんは笑顔をみせ、握手や記念撮影に気さくに応じていた。

大村さんは15日夜、韮崎市神山町鍋山の住居に帰宅。16日午前11時20分ごろ、徒歩で近くの美術館を訪れた。来館者の一人が大村さんに気づくと、周りにあっという間に数十人の人だかりができた。大村さんは一人一人に丁寧に対応、握手をしたり一緒に写真に納まったりした。大村さんの著書の購入者には本にサインをする場面もあった。

神奈川県大和市の主婦横山みつ子さん(73)は「多くの病気の子どもたちを救ったと思うと、お会いしただけで感動した。握手にも気軽に応じてくれて本当にすばらしい人」と話していた。

〈山本昂輝〉

語録 14

幸運は高い志を好む

「若い人たちによく言っている。私は世の中の人の役に立ちたいという志を持ってやってきたことで、思い掛けずノーベル賞という幸運がやってきた」（2015年10月26日、県特別文化功績者表彰式）

■2015年12月6日掲載

大村さん、ノーベルの地に「メダル持って山梨へ」

ホテルに到着した大村智さん＝ストックホルム（撮影・木下澄香）

【ストックホルム山梨日日新聞＝木下澄香】ノーベル医学生理学賞を受賞する大村智・北里大特別栄誉教授（80）＝韮崎市出身＝が5日午前（日本時間同日午後）、ストックホルムに到着した。6日から授賞式に合わせて行われる記念行事に臨む。

大村さんは同日午前10時半ごろ、滞在するホテルに到着。黒いコートと帽子姿で車から降り、報道陣の質問に答えることなく、ホテルに入った。

午後には市街を約20分散策し、山梨日日新聞の取材に「良いフライトだった。メダルをいただいたら、それを持って山梨に行きたい」と話した。

「ノーベルウイーク」と呼ばれる期間中には、授賞式のほか、連日記念講演や晩餐会などの行事が予定されている。大村さんは共同受賞が決まった米ドリュー大のウィリアム・キャンベル氏、中国中医科学院の屠呦呦氏、ノーベル物理学賞の受賞が決まった梶田隆章・東大宇宙線研究所長と共に記者会見も行う予定。

授賞式は10日（日本時間11日未明）に行われる。

■2015年12月7日掲載

「遠かった道 見えた」

大村さん公式会見 ストックホルム

【ストックホルム山梨日日新聞＝木下澄香】ノーベル医学生理学賞を受賞する大村智・北里大特別栄誉教授（80）＝韮崎市出身＝が6日午後（日本時間夜）、ストックホルムで公式記者会見に臨んだ。「ストックホルムへの道は遠かったが、いまようやくその道が見えた」と笑顔で語った。

会見は午後2時から市内のノーベルフォーラムで行われた。大村さんと共同受賞が決まった米ドリュー大のウィリアム・キャンベル氏、中国中医科学院の屠呦呦氏が登壇。受賞の秘訣を尋ねられた大村さんは「（イベルメクチンの）発見は一人ではできず、多くの人が関わっている中で、私とキャンベルさんが代表で賞をいただく。異なる分野で共同研究したことがよかったと思う。どちらかだけではできなかった」と話した。

大村さんは、公式記者会見前の同日午前、他の受賞者との顔合わせのため、旧市街にあるノーベルミュージアムを訪問した。

ノーベル医学生理学賞の公式記者会見に臨む大村智さん＝ストックホルム（撮影・木下澄香）

■2015年12月9日掲載

荘厳な場 味わいたい

ノーベル賞 大村さん会見

授賞式目前 梶田さんと和やか

【ストックホルム山梨日日新聞＝木下澄香】ノーベル医学生理学賞を受賞する大村智・北里大特別栄誉教授(80)＝韮崎市出身＝が8日午後（日本時間夜）、同物理学賞を受賞する梶田隆章・東大宇宙線研究所長(56)と共に記者会見した。大村さんは10日に行われる授賞式について「荘厳な雰囲気をゆっくりと味わいたい」と語った。

梶田隆章さんと共に記者会見に臨んだ大村智さん（右）＝ストックホルム（撮影・木下澄香）

記者会見は日本大使館主催で受賞者が滞在するストックホルムのホテル内で行われた。大村さんは7日の記念講演について「自分の評価はしないが、ストックホルムに来ている弟が『120点だった』と言ってくれた」と振り返った。8日午前に講演した梶田さんは「終えられてほっとしている」と語った。

梶田さんについて、大村さんは「私には想像もできないような研究をしているが、とても分かりやすく内容を説明してくれた。これを機会に知識が増えた」。梶田さんは、大村さんについて「私は研究以外何も知らないが、大村先生は音楽や美術など幅広く関心がある。そういうところに驚いている」と話した。

受賞決定後の家族との過ごし方を問われると、大村さんは「娘がストックホルムに来る準備をいろいろしてくれた。『おやじの晴れ姿を見たい』と思ってくれたと思う。娘がいて良かった」と、長女育代さんへの感謝の言葉を口にした。

大村さんは「授賞式や晩さん会の荘厳な雰囲気をゆっくり味わいたい」と抱負。「美術館に行きたい」とも話し、授賞式後には市内にあるノーベルの墓参りをする予定もあることを明らかにした。

語録 15

富士山が高いのは広大な裾野があるから

「私が偉大な賞を受賞できたのも、仲間たちとの広いつながりがあったからこそ」
（２０１５年10月16日、韮崎市内での取材）

■２０１５年12月11日掲載

さんに授与

「感動、言葉出ない」

梶田さんと晴れ舞台

ストックホルム

【ストックホルム共同】【ストックホルム山梨日日新聞＝木下澄香】２０１５年のノーベル賞の授賞式が10日夕（日本時間11日未明）、ストックホルムで開かれ、医学生理学賞の大村智・北里大特別栄誉教授(80)＝韮崎市出身＝と物理学賞の梶田隆章・東大宇宙線研究所長(56)にカール16世グスタフ国王からメダルと賞状が授与された。大村さんは授賞式後「言葉も出ないくらい感動した」「楽しかった。緊張した。（メダルは）まだよく見ていない」と述べた。

　アフリカなどの最貧国の人命を救う特効薬を開発した大村さんと、宇宙の謎に迫った基礎研究の梶田さんという対照的な二つの成果が最高の栄

育代さん(43)らが見守る中、晴れの舞台に登場。物理学賞、医学生理学賞の順に授賞理由が読み上げられ、ファンファーレが鳴り響く中、梶田さん

生虫による感染症の新治療法の発見」。静岡県の土で見つけた微生物が作る物質を基に、熱帯感染症の特効薬を開発し、多くの人命を救ったと評価された。梶田さんは、岐阜県のスーパーカミオカンデの観測で素粒子ニュートリノに質量があることを発見。宇宙の成り立ちの解明に貢献したとたたえられている。

に臨んだ。約1時間のリハーサルを終えると引き締まった表情で会場を後にし、足早に車に乗り込んだ。

　滞在先のホテルに戻った大村さんは、えんび服の着付けなど式典の準備を整えた。和装姿の長女・育代さんとともに午後3時半ごろ、再び姿を現し、本番に向けて出発した。

　車に乗り込んだ大村さん

ノーベル賞 大村

ノーベル賞授賞式で、スウェーデンのカール16世グスタフ国王（右）から医学生理学賞のメダルと賞状を受け取る大村智・北里大特別栄誉教授
＝ストックホルムのコンサートホール（共同）

ールで開催、大村さんは長女

大村さんの授賞理由は「寄

ンサートホールでリハーサル

た。

16 語録

人のまねはしない

「イベルメクチンの開発は、産学連携で生まれた。私が始めた1970年代当時はなかった。北里大の3大奇人と言われるほど、変わったことだった。ただ新しく実用的なことをするには企業と連携することが大切と信じ、進めてきたことがノーベル賞につながった」（2015年10月26日、県特別文化功績者表彰式）

■2015年12月12日掲載

大村さんにノーベル賞授与

「受賞 新たな出発」

晩さん会、長女と出席

ノーベル賞授賞式後の晩さん会で席に着く大村智・北里大特別栄誉教授＝ストックホルム市庁舎（10日、代表撮影・共同）

【ストックホルム山梨日日新聞＝木下澄香】【ストックホルム共同】ノーベル医学生理学賞を受賞した大村智・北里大特別栄誉教授(80)＝韮崎市出身＝が授賞式から一夜明けた11日午後（日本時間同日深夜）、ストックホルム市内で山梨日日新聞のインタビューに応じ「賞をもらって終わりではなく、新しい出発だ」と今後の研究への思いを述べた。

最高の栄誉の瞬間に臨んだストックホルムの地であらためて故郷の存在について尋ねられ、「私を包んでくれる場所。山梨には励ましてくれる人、喜んでくれる人がいる」とした。帰国後については「メダルを持って先祖に受賞を報告したい」と話した。

これに先立つ10日夕（日本時間11日未明）、ノーベル賞の授賞式が開かれ、大村さんと物理学賞の梶田隆章・東大宇宙線研究所長(56)にスウェーデンのカール16世グスタフ国王からメダルと賞状が授与された。大村さんは授賞式後「言葉も出ないくらい感動した」と話した＝一部地域既報。

式典は市内のコンサートホールで開催。物理学賞、医学生理学賞の順に授賞理由が読み上げられ、ファンファーレが鳴り響く中、舞台の上で梶田さんと大村さんにメダルと賞状が授与された。

終了後、2人は国王らとの晩さん会に出席。市庁舎の「青の広間」に、えんび服やロングドレスで正装した約1300人が一堂に会した。

大村さんは着物姿の長女育代さん(43)とともに2階のテラスから中央の大階段を下りて入場。授賞式の緊張から解かれた様子で、隣席の王族らとグラスを合わせていた。大村さんは、亡き妻に「いい式典だったよ(と報告したい)」。育代さんは「(父は)立派でした。(墓前に)ついにいただきましたよと報告します」と話した。

大村さん「良い旅だった」

帰国、羽田で会見

ノーベル医学生理学賞を受賞した大村智・北里大特別栄誉教授(80)＝韮崎市出身＝が13日午後、スウェーデン・ストックホルムから帰国した。羽田空港国際線ターミナル内にあるホテルで記者会見を開き、メダルを披露。8日間のストックホルム滞在を「良い旅だった」と振り返った。〈木下澄香〉

メダル手に晴れやか

現地での思い出を尋ねられると、授賞式でカール16世グスタフ国王からメダルを授与された瞬間や晩さん会での王室との会話を例に挙げ、「行く前は大変な旅になると思っていたが、行ってからは楽しむ気持ちが出てきた。本当に良い旅だった」と語った。

連日の行事をこなした大村さんは「しばらくは休みたい。そうすればまたいろんな考えや、やりたいことが浮かんでくると思う」と話したが、あらためて今後の目標を聞かれると、「人材育成。若い人たちが、のびのびと研究できるような環境をつくりたい」と決意を表した。

会見では、北里研究所の藤井清孝理事長と北里大の小林弘祐学長、同大の学生が花束を渡した。

大村さんの研究室を卒業したOBらが、祝福に駆けつけるというサプライズもあった。

帰国会見でノーベル医学生理学賞のメダルを披露する大村智さん＝東京・羽田空港内のホテル(撮影・木下澄香)

17 語録

教育ほど確かな投資はない

「教育に金を使うと必ずいい結果になる。株などはもうかることがあれば損することもある。教育は損することはない。1、2年で成果は出ないが、必ず10年、20年で出る」（2015年10月17日、韮崎大村美術館で会見）

山梨日日新聞でたどる歩み

高校時代～現在

■1953年2月1日掲載

霧ガ峰で熱戦 縣下スキー大会ひらく

本社並びに県教育委員会、県高体連、県体協主催、県スキー連盟主管の第七回県下スキー選手権大会並びに第五回県下高校対抗スキー大会は第八回国体スキー県予選を兼て卅一日午前十時より長野県霧ガ峰、強清水スキー場で開催、積雪40㌢、気温零下二度、快晴という絶好のコンデイションに恵まれ大回転及び長距離（十㌔）の二種目にわたる熱戦を展開した、また開会式は午前九時藤川大会委員長の開会宣言、君が代斉唱の後、大沢大会々長の挨拶、長田審判長の競技上の注意、参加九十一選手を代表して掛本芳成君（峡東）の力強い選手宣誓の言葉を以て式を閉じ直ちに競技に移つた、第一日の

写真は回転競技と開会式

成績は次の通り

◇大回転▽青年の部＝❶掛本芳成（峡東）68秒6❷伴野亘（甲府）72秒❸中村廣夫（甲府）74秒❹秋山征男（甲府）❺渡辺富次（甲府）

▽壮年の部＝❶山下豊次（甲府）82秒2❷広瀬不二三（峡東）84秒1❸藤川二郎（甲府）85秒6❹中込国勝（甲二教官）

▽少年の部＝❶藤川実（甲一）72秒4❷手塚賢一郎（峡東）78秒4❸根津鎬三(日川)79秒1❹木下特介(日川)❺中込明(韮崎)

▽女子の部＝❶小沢民子（梨大）1分47秒8❷小沢君子（韮高）1分50秒8❸中込啓子（韮高）2分34秒2

◇長距離▽青年の部＝❶飯島譲次（峡東）42分41秒❷三枝功（峡東）77分15秒

▽少年の部＝❶山寺信正（韮高）51分9秒❷樋口宏求（韮高）51分32秒❸大村智（韮高）52分35秒

第7回県下スキー選手権大会
◇長距離▽少年の部
③大村智（韮崎）52分35秒

■1956年1月29日掲載

県下スキー選手権大会開会式

峡北高、大きくリード 県下スキー第一日 韮高八連勝望み薄

本社並びに県スキー連盟、県教育委員会、県高体連共催の第十回県下スキー選手権大会及び第八回県下高校対抗スキー大会はいずれも第十一回国体県予選を兼ね二十八日午前九時半から瞬間風速二十㍍の強風下を富士二合目スキー場第三ゲレンデで男女約七十名の選手が参加第一日の幕を開けた。競技は藤川実選手から優勝旗の返還、藤川大会々長の挨拶、来賓祝辞の後、長田進審判長の試走で大回転から開始されたが、ゲレンデは着氷化しており各選手とも十六旗門を苦闘した。また長距離競技は二合目—精進小屋間往復十二㌔のコースで行い、高校対抗第一日の得点では峡北高校が二十点をあげて大きくリード、二位甲府工高九点三位韮崎高校八点、四位吉田高校四点で韮崎高校八連勝の偉業は実現薄となつた。

◇大回転▽少年❶利根川虎雄（峡北高）53秒F❷内田進(甲工)1、8❸堀内安平(甲工)▽成年❶古屋学而(峡東)43秒4❷掛本芳成(峡東)44秒6❸伴野亘（雪稜）▽壮年❶山下豊次（甲府）1分6秒F❷佐々武彦（韮崎）1分14秒3❸山寺巌（韮崎）▽教員❶大沢正幸（峡東）59秒8❷小佐野和男（富士吉田）1分6秒3❸田辺輝仁(峡東)▽女子❶大庭しげ子（雪稜）51秒9❷清水弘子（雪稜）1分4秒F＝距離五百㍍、標高差八十㍍

◇長距離（12㌔）▽高校❶利根川虎雄（峡北高）1時間9分2秒❷三井徹生（峡北高）1時間11分46秒❸中山宏司（韮崎高）1時間14分38秒❹横内武士（韮崎高）❺芦須達也（吉田高）❻岩下博彦（韮崎高）△一般❶大村智（韮崎）1時間12分56秒❷志村栄治(峡東)1時間19分20秒❸相野昭二（韮崎）1時間23分55秒

第10回県下スキー選手権大会
◇長距離▽一般
①大村智（韮崎）1時間12分56秒

■1957年1月24日掲載

番狂わせ続出か

練習不足と雪質変化で

県下スキー一選手権

長野県細野スキー場に変更

本社並びに県教委、県高体連、県スキー連盟共催の第十一回県下スキー選手権大会ならびに第九回県下高校対抗スキー大会はいずれも第十二回国体スキー県予選を兼ねて二十六、二十七の両日長野県白馬山麓細野スキー場で百二十名の選手が参加して開催される。競技は大回転、回転、長距離、継走の四種目にわたって熱戦が繰りひろげられるがとくにことしは雪不足で富士二合目のスキー場に降雪が見られず、したがって本県では初の白馬山麓細野ゲレンデに大会会場を移したわけである。このため各選手とも練習不足が心配され、コースもいまのところ非常に雪質に変化があるのでワックスのテクニックが大きく勝敗に響くのではないかと思われる。

【大回転・回転】まず成年組では昨年度の選手権者古屋学而（勝沼岳友）に斎藤（東電）石原（峡東）掛本（峡東）勝川（雪稜）らの五選手が豪快な回転技術を見せ優勝争いとなろう。これを追うダークホースとして石坂（雪稜）は練習量の豊富さから相当の活躍を見せるのではないか。いずれにしても大回転の上位入賞者が回転競技においても優勝を争うだろう。壮年組は松村（カルピス）広瀬（塩山）山寺（韮崎）とベテラン揃いなのでどう展開するか興味あるレースとなろうが押しも押されもせぬ松村（カルピス）の制するところではないか。少年組は利根川（峡北高）が圧倒的強味を見せているがこれを追って大村（日川）が肉薄するだろう。昨年不調だった韮崎高に実力伯仲組が並んでいるが優勝はタフな利根川（峡北高）に分がありそう。一方教員は低調で大沢（峡東）小佐野（吉田）田辺（峡東）の争いで終るだろう。

【長距離及び継走】長距離の一般では大村（韮崎）の連勝が固いようだ。これに伍して志村（峡東）がいかに対抗するか…両者の争いが見もの。一方高校は峡北高、韮崎高の争いに終始するだろう。昨年12キロで行われたレースが8キロに短縮されたことと、コースに不馴れな点などから案外の番狂わせが生じるかも知れない。リレー競技の一般には韮崎、峡東、雪稜、東電の四クラブが出場しているが峡東、韮崎の間で優勝が競われるだろう。また雪稜も若手選手が中心となっているだけにこの活躍は見もの。また高校の部は峡北、韮崎甲工、日川の争いであるが峡北を追って韮崎が必死に食い下るのではないか。昨年八連勝を峡北にはばまれた韮崎が学校対抗でも峡北と終始接戦を演ずるだろう。

スキー大会の優勝旗の前で賞状を持つ大村智さん
（1956年、本人提供）

第11回県下スキー選手権大会
【長距離及び継走】
長距離の一般では大村（韮崎）の連勝が固いようだ。

■1957年1月27日掲載

吉田高校、意外の健闘

県下選手権・高校対抗スキー 大回転に番狂わせ

本社並びに県教育委員会、県スキー連盟、県高体連共催の第十一回県下スキー選手権大会及び第九回県下高校対抗スキー大会第一日はいずれも第十二回国民体育大会県予選を兼ねて二十六日午前十時半から長野県白馬岳細野スキー場で約百二十名の選手役員が参加して開催された。競技に先立ち開会式は優勝旗及び優勝杯の返還、勝川大会会長の挨拶、参加選手を代表して古屋学而君（岳友）の宣誓があり、十一時大回転から第一日の競技の幕を開けた。第一日は快晴に恵まれたものの難コースのため選手達は文字通りの悪戦苦闘、このため大回転では番狂わせが続出した。大回転競技は標高差六三〇メートル、延長一、三〇〇メートル、平均斜度十八度、旗門二十五で行われ前半のコースはさ程、難かしくなかったが、十、十一の旗門で大部分の選手が転倒して失敗、この日の圧巻は矢張り青年の部の優勝争いで試合前から前年の覇者古屋が好調を伝えられたが両足の反則で失格し、ダークホースの石原が優勝、初の選手権を獲得、また長距離競技は青年、少年は八・三キロ、壮年は三キロのコースで行われ興味は少年組の高校対抗にかけられたが、峡北高の好敵手であり、昨年峡北高に八連勝をはばまれた韮崎高が不参加のため峡北高の独走を許すものと思われた。しかし韮崎高に代って吉田高が意外に健闘して峡北高と上位を争いあった。

【大回転】▽青年組❶石原玲二（峡東）1分41秒8❷斎藤定見（東電）1分43秒F❸勝川実（雪稜）1分53秒F❹掛本（峡東）❺手塚（同）▽少年組❶井出澄男（吉田高）2分12秒F❷渡辺真吾（同）2分12秒3❸大村幸守（日川高）2分14秒7❹荻原（峡東）❺津金（峡北高）▽壮年組❶松村敏夫（カルピス）2分7秒8❷山寺巌夫（韮崎）2分56秒8❸松山熊雄（東電）3分16秒F❹佐々（韮崎）❺御手洗（勝沼）▽教員組❶小佐野和夫（下吉田中）2分25秒F❷田辺輝仁（岩手小）2分34秒4❸板倉薇天（吉田高）3分12秒8

【長距離】▽青年組＝八・三キロ▽❶大村智（韮崎）55分2秒5❷平井直（同）1時間11分22秒F▽少年組＝八・三キロ▽❶浅川武政（峡北高）1時間5分13秒❷利根川実雄（同）1時間6分16秒❸小佐野紀文（吉田高）1時間10分0秒5❹谷戸（峡北高）❺奥脇（吉田高）▽壮年組＝三キロ❶山寺巌夫（韮崎）25分12秒5❷松山熊雄（東電）25分35秒F

◇高校対抗第一日成績❶峡北高校18点❷吉田高校8点❸日川高校7点❹甲府工高1点

第11回県下スキー選手権大会
【長距離】▽青年組＝8・3キロ▽①大村智（韮崎）55分2秒5

■1957年1月30日掲載

国体スキー県代表決る

第十二回国民体育大会冬季大会スキー競技会は二月十四日から五日間兵庫県城崎郡日高町神鍋スキー場で開催されるが、二十九日本県選手団の選手十四名が県スキー連盟から発表された。

【選手】▽青年大回転競技＝石原玲二（峡東）斎藤定人（東電）掛本芳成（峡東）勝川実（雪稜）手塚賢一郎（峡東）古屋学而（勝沼岳友）▽少年大回転＝荻原勇（峡東）大村幸守（日川高）井出澄男（吉田高）▽教員大回転＝小佐野和夫（下吉田中）▽距離及びリレー＝利根川實男（峡北高）大村智（韮崎）平井直（韮崎）樋口一彦（韮崎）

なお役員は後日発表される。

国体スキー県代表決まる

18 語録

居は気を移す

（2016年1月1日、山梨日日新聞記事「新春対談」）

3人そろって博士号

韮崎の大村兄弟「孝行者」と評判

■1979年6月20日掲載

三男・泰三さん

兄弟3人で博士号4つ―。この兄弟は韮崎市神山町鍋山、農業大村恵男さん（75）文子さん（72）夫婦の長男智さん（43）二男朔平さん（40）三男泰三さん（39）の3人。朔平さんがこの5月、工学博士号をとったことで、兄弟そろって博士となった。3人は韮崎高校時代から〝大村三兄弟〟と呼ばれた秀才。そろっての快挙に近所では「どういう育て方を」と評判だ。

長男の智さんは薬学と理学博士。現在は東京都世田谷区に住み、北里大教授、北里研究所員、理科大講師。山梨大学学芸学部（化学科）を卒業したあと5年間、東京都の高校教員、山梨大助手を2年間務め、北里研究所に入った。博士号をとったのは山梨大を卒業して10年目だった。現在は北里大で有機化合物から薬として使える化合物を分離する研究を行っている。

二男の朔平さんは、神奈川県横浜市に住み、日本揮発油株式会社に勤めている。山梨大工学部（応用化学科）を卒業して民間会社へ就職したがその後退職、横浜国立大助手を務めたあと32、3歳で現在の会社へ。会社では石油精製の工程を研究するかたわら、中国からの留学生4人を指導している。昨年秋、三男の泰三さんが博士論文を書いたのを聞き「それじゃあオレも親孝行を」と論文を提出、ことし5月に工学博士となった。

三男の泰三さんは工学博士。東京大理1の電気工学科を卒業したあと、三菱金属大宮研究所に入社した。半導体の研究をはじめ、新幹線のパンタグラフに使う金属の開発などを行っている。合金の研究で2年間東ドイツへ留学も。博士号は昨年1月とった。

父親の恵男さんは「長男が博士号をとった時は大騒ぎだった。甲府と韮崎で恩師や級友への謝恩会を開き、近所には手ぬぐいを配った。二、三男のときはあまり感激もしなかった。でも、3人そろって博士となるとうれしいですよ」とニコニコ。

母親の文子さんは「今でのように塾へ行かせたりはしなかった。〝お前たちが手伝ってくれなきゃ学校へやれないよ〟と、よく働かせた。桑を背負ったり燃し木を切ったり、よく手伝った」と、特別な英才教育などしなかったという。また、智さんと朔平さんはスポーツマン。恵男さんの話だと韮崎高校時代は学内の強歩大会で優勝したり、スキーの国体選手だった。

ただ、2人にとってちょっぴり寂しいのは、3人が県外で独立したこと。「長男は県内へ勤めるように山梨大へ入れた。〝責任は負う〟と言ってるけれどね。まあ、休みには一家で遊びに来るし、特別寂しくはない」と語る。両親は今、兄弟3人がそろって帰って来る夏に〝兄弟博士〟披露の計画を進めている。

■1989年3月14日掲載

大村智さんに上原賞

生物活性物質研究で成果

大村　智氏

韮崎市出身で北里研究所副所長の大村智さん(五三)が上原記念生命科学財団（上原小枝理事長）から本年度上原賞を受賞した。

同賞は医薬品の開発など生命科学に関する諸分野の研究を奨励、国民の健康と福祉の向上を目的に設けられている。同財団役員、評議員から推薦された七人の中から選ばれ、金杯と副賞一千万円が贈られた。

大村さんは、微生物由来の各種生物活性物質に関して独創的な基礎研究を展開、八十種余りの新規物質を発見した。特に動物用抗カビ剤ナナオマイシンや、ヒト・動物用抗寄生虫薬エバーメクチン、脂肪酸生合成阻害剤研究用試薬セルレニンなどの評価は高い。

エバーメクチンの誘導体であるアイバメクチンは、アフリカ中央部などを中心に流行しているオンコセルカ症（推定患者二千万人）、バンクロフト糸状虫症（同二億五千万人）への有効性が注目されている。

大村さんは「研究に高い評価をしてもらい、非常にうれしく思っている。苦労した仲間と喜びを分かち合いたい」と話している。

■1990年3月13日掲載

大村智氏（韮崎出身）に学士院賞

代謝物質研究で成果　恩賜賞は中西香爾氏

日本学士院（脇村義太郎院長）は十二日の総会で、学術の分野で優れた業績を上げた十二人の研究者に対し平成二年度の日本学士院賞を贈ることを決めた。韮崎市韮崎町出身の大村智・北里研究所副所長(五四)＝東京都世田谷区瀬田五ノ一二ノ七＝は「マクロライド抗生物質に関する研究」で受賞した。化学研究の中西香爾・米コロンビア大教授(六四)には併せて恩賜賞が贈られる。また遺伝学の向井輝美・九州大教授(六〇)には第二回の日本学士院エジンバラ公賞を贈ることも決定した。

大村　智氏

大村さんは、微生物から出る代謝物質を探索する効率的な方法を確立し、今回、共同受賞した恩師の秦藤樹・北里大名誉教授と一緒に九十種類を超す新しい代謝物質を発見している。「簡単にいえば、土中などの微生物から出る物質を研究して、役立つ薬を見つける仕事」と言う。

発見した物質は、医薬や基礎研究に役立てられている。秦名誉教授のグループが発見し、大村さんが構造や成分などを解明したロイコマイシンは肺炎などの感染症に有効で広く利用されている。

大村さんは受賞に対して「医学、生物学、薬学、農芸化学など多くの研究者とのチームワークの研究結果が評価されたわけで、その代表として受賞させてもらった。恩師と一緒の受賞は二重の喜び」と感想を述べた。

大村さんは、韮崎高校から山梨大学芸学部（現教育学部）を卒業。高校教諭を経て、東大、東京理科大で学び博士号を取得した。昭和五十九年五月から北里研究所の理事、副所長を務めている。これまで上原記念生命科学財団の上原賞、ヘキスト・ルセル賞などを受賞し、米国生化学・分子生物学会名誉会員。海外での評価は既に高い。

日本学士院賞は、明治四十四年に設置され、学術分野で最も権威のあるものとして各界の大家に贈られ、文化勲章や文化功労者へのステップともされている。

19 語録

人生は習慣の織物

「いい習慣を持っていることが大事。なかなか習慣にすることは難しいが、私は散歩のほか、すごく本を読む。読書をすると必ずいい言葉がある」（2015年10月17日、韮崎大村美術館で会見）

■1990年7月1日掲載「苦言　提言」

充実度足りない文化

北里研究所副所長　大村　智氏

「リニアで山梨が東京圏に組み込まれてくるだろうが、山梨独自の文化は育て、守って行かねばならない。県立美術館は全国の地方美術館ブームに先鞭をつけたが、その後熱心に育てる努力が不足しているのではないか。充実度が足りない」。耳の痛い指摘である。

よく郷里に帰る。「金もうけ・営利主義のリゾート開発を止めさせ、自然とのふれあいをどう図っていくべきかを考える」と言う。「原宿をそのまま持っていったような清里駅前、夏の軽井沢銀座に代表される開発はノーコントロール・やりたい放題の結果と映る。国、県がきちんとコントロールすべきで、役人は世界の先進的なリゾート地を見て参考にしては」との提言も。

山梨の将来像についてはユニークな提案をしている。大村氏の専門分野は生命科学に関する基礎研究だが「日本は米国などの基礎研究を踏まえ実用化でおいしいところだけを採ってしまう。これが国際的に批判を浴びるもと」としたうえで「これからの日本の生き方はすぐに役に立たなくても世界に貢献できる科学立国を目指すべきで、山梨がそのための場所を提供したらいい」と言うのである。

豊かな自然の中で得られた科学の成果を世界に還元する役割を山梨が担う。国際化の潮流に沿ったひとつの選択であり、山梨にもたらす効果も大きいものが期待できるというのである。

「リニアが来ることだけが最終目的であってはならない。いったい何のためのリニアなのか。実現化するときに向けどう手当てするのか、山梨の文化、教育をどうするのか。総合的なグランドデザインを早く提示すべきで、そのために多くの県民が参加し、議論したり自分の考えを発表、討論する場がもっとあってもいいのではないか」と提言にも熱がこもる。

今日本人は、国、県、学校、地域をあげて喜ぶことがなくなり、クールになったーそれは決していいことではなく、人間が本来もっているものが失われた証拠と警告する。「人間は感動ができて、喜ぶものがあってこそ真の姿」との主張だ。感動ができる人間を育てる山梨もまた大村氏が望む未来像である。

おおむら・さとし氏　韮崎高校から山梨大学学芸学部卒。高校教諭を経て、東大で理学、東京理科大理学の博士号取得。生命科学に関する分野の研究で上原賞、平成２年度日本学士院賞を受賞している。韮崎市神山町出身。東京都世田谷区瀬田５ノ12ノ７。54歳。

■1992年5月26日掲載「東京から山梨から」

ふるさとは構想練る場

大村　智さん（北里研究所長）

都内の高校教諭として上京して三十四年になります。ふるさと山梨は「居は気を写す」といって、構想を練る場所で、毎週末には帰っています。実家を建て直し「蛍雪寮」と名付けて学生に開放して、共に研修できる場所にしています。南アルプスのふもとで県内の半分以上は眺められる素晴らしいところです。

昨年発足した山梨科学会議の会長を引き受けましたので、その関係で帰る機会が増えましたし、山梨とのかかわりもさらに強まっています。

今春、紫綬褒章をいただきましたが、この栄誉もふるさとに負うところが大きいと思います。

東京と山梨が近くなり、便利になったことは大変に結構なことと思います。しかしリニアについては、東京文化圏が広がるだけで、地方の文化が吸収されてしまう心配があります。

外国ではどこも地方の文化が重要視され、都市、都市でみな違った個性があります。そこで初めて人間にゆとりがでてくるのです。道、橋が良くなったといって喜んでばかりいないで、もう少し内面的な価値観にウエートを置いてもいいんじゃあないんですか。貧しくても豊かさは持てるんです。

経済的に良くなり、豊かさ日本一になったのはいいですが、山梨は知的ストックに欠けていますね。なんでも東京のまねをするのでなく、素晴らしい自然を持っているという自覚を強くして、中身の厚い文化をつくり上げていってほしいものです。

（韮崎市出身、56歳）

■1997年7月26日掲載

大村智 県科学技術会議会長 にコッホ金牌

日本人2人目、生理活性物質の発見で

県科学技術会議会長で、社団法人・北里研究所（東京都港区）所長の大村智氏(62)＝韮崎市出身＝が、医薬品や生化学研究に重要な数々の生理活性物質を発見したとして、ドイツのロベルト・コッホ財団から「ロベルト・コッホ金牌」を贈られることが二十五日までに決まった。

同賞はドイツの権威ある国際的医学賞で、日本人の金牌（ゴールドメダル）受賞は故吉田富三博士に次いで三十四年ぶり二人目。授賞式は十月二十七日、ボン大学で行われる。

大村 智氏

同賞は結核、コレラなどの原因菌の解明を通じ、多くの病気が微生物により引き起こされることを発見したドイツのロベルト・コッホ博士（一八四三―一九一〇）の業績を顕彰するとともに、感染症などの研究、広く医学に貢献した研究者を奨励するため、一九六〇年に創設された。

金牌は長年の業績に対して授与されるもので、世界各国から毎年一、二人が受賞している。今回、金牌は大村所長一人で、日本人としては、六三年に「吉田肉腫」などのがんの研究で著名な吉田博士が受賞して以来となる。

大村所長は七三年四月に北里研究所内に研究グループを編成して以来、共同研究者とともに微生物が生産する新しい物質の発見、研究を続けてきた。北里研究所によると、九七年三月までの二十四年間で二百九十五の新規物質を発見。これらのうち約三十五種類の化合物が医薬品や動物薬、生化学研究用試薬として使用されている。また八五年には遺伝子操作を使った初の抗生物質を発表するなど独創的な研究を展開した。

大村所長は「コッホは研究所の創設者・故北里柴三郎氏が師事したゆかりの人物であり、感慨無量だ。受賞を励みに医学の分野でいまだ解決していない問題の研究に今後も力を注いでいきたい」と話している。

同賞には個別の研究成果に対し授与される奨励賞（ロベルト・コッホ賞）もあり、日本人ではこれまで利根川進・米マサチューセッツ工科大教授ら三人に贈られている。

■1999年5月15日掲載

全米科学アカデミー会員に

生命工学研究を評価

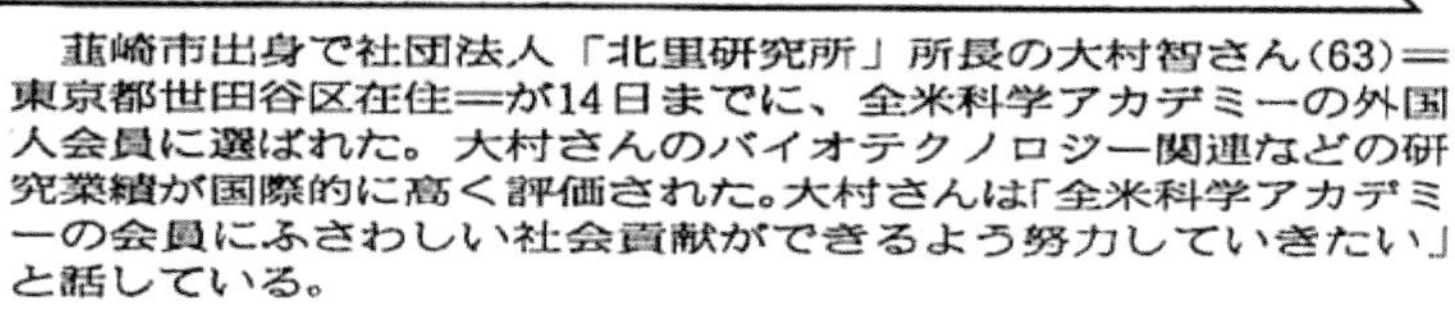

韮崎市出身の大村智さん

韮崎市出身で社団法人「北里研究所」所長の大村智さん(63)＝東京都世田谷区在住＝が14日までに、全米科学アカデミーの外国人会員に選ばれた。大村さんのバイオテクノロジー関連などの研究業績が国際的に高く評価された。大村さんは「全米科学アカデミーの会員にふさわしい社会貢献ができるよう努力していきたい」と話している。

同アカデミーは一八六三年に当時のリンカーン大統領が設立。天文学や医学、物理学など二十五の分野があり、多くのノーベル賞受賞者を会員に擁している。

北里研究所によると、新会員は毎年一回、各分野で功績のあった科学者を対象に複数回に及ぶ会員らの投票で選出する。今年新たに会員に選出されたのは、大村さんら日本人二人を含めて十五人。外国人会員計約三百人のうち、これまでにノーベル賞受賞者の江崎玲於奈さんら十九人の日本人が会員に選ばれているという。

大村さんは、四月末に同アカデミーから選出の知らせを受けた。大村さんは「身に余る光栄なことで、知らせを受けた時は驚きとうれしさのあまり言葉が出なかった。若いころから同アカデミーの会員はあこがれの的だった」と喜んでいる。

大村さんは韮崎市神山町出身で、一九九〇年に同研究所の所長に就任。医学に貢献した個人などにタイ王室から贈られる「プリンス・マヒドール賞」などを受賞。現在、山梨科学アカデミー副会長などを務めている。

眺望は人を養う

「詩人で文化勲章者の大岡信さんの言葉。きれいなところに育つことは人間をまともにしていく」
（2015年10月17日、韮崎大村美術館で会見）

■2000年7月1日掲載

第24回野口賞　たゆみない歩み

第二十四回野口賞に四氏、一団体が決まった。芸術・文化部門は薬学、生化学の発展に大きく貢献している北里研究所長の大村智氏、郷土研究部門は「戦国大名領国の基礎構造」の著者・平山優氏が受賞。体育・スポーツ部門は日本学生レスリング王座決定戦などで団体優勝した山梨学院大レスリング部と、全日本スピードスケート選手権で総合三連覇の田畑真紀さん、スピードスケートのナショナルチームのコーチとして活躍している長田照正氏がそれぞれ受賞した。野口賞は山梨日日新聞社、山梨放送の故野口二郎、故野口英史社長が文化、体育などに残した業績を顕彰し、遺志を継承発展させる目的で制定された。この一年間に著しい業績を挙げた個人、団体に贈られる。受賞者の業績と喜びの声を紹介する。

おおむら・さとし氏　北里研究所所長。韮崎市生まれ。韮崎高を経て、山梨大卒。東京理科大大学院修士課程修了。米国科学アカデミー会員、ドイツ科学アカデミー会員、県科学技術会議会長、女子美術大理事長。日本学士院賞、上原賞、藤原賞、ローベルト・コッホ金牌など受賞多数。東京都世田谷区。64歳。

芸術・文化部門　大村　智氏

失明救う特効薬発見

「芸術・文化部門での受賞ということがうれしい。私は科学する精神活動は文化であると思っています。これまで研究領域ではさまざまな賞を受けましたが、今回は科学を文化としてとらえた上で受賞させてもらった。今までと違った意味で大きな喜びです」

世界のトップを走る科学者である。専門は微生物代謝産物、抗生物質研究。さまざまな分野に有用な微生物、それを基にした化合物の発見を続けてきた。発見した新化合物は三百種類以上。これらは医薬品や動物薬、生化学研究用試薬などとして世界中で使われている。

なかでも有名なのが抗寄生虫薬エバーメクチン（アベルメクチン）。これを基にした誘導体イベルメクチンは、マラリアとともに恐れられている熱帯病オンコセルカ症（河川盲目症）の特効薬として知られる。しかも年一回投与するだけで効果が発揮されるという優れた特徴がある。

米国の製薬会社・メルク社は、この薬を病気が撲滅されるまで無償提供することを打ち出し、WHO（世界保健機関）が撲滅作戦を展開。これまでに約三千五百万人に投与、失明の危機から救ってきた。ペニシリンやストレプトマイシンに匹敵する化学療法剤として、高く称賛されている。

微生物との出合いは大学院修了後に赴任した山梨大の発酵生産学科。その後、北里研究所に入って実績を上げてきた。

「研究者はいい論文を書いたからよいというものではない。例えば人のためにいい薬を見つけようという気持ちが大切」。その使命感が研究を支えてきたという。そして「人のまねをしない。だれより自分が最初に新たな方法を切り開いていくこと」を信念としてきた。

十数年前、「これからは心の問題が重要になる」と感じた。薬品によって得た特許料を投じ、美術館のように絵画が飾られ、ホールのようにコンサートが楽しめる病院を埼玉県内に建設。自らの理想を追求し続けている。

「日本の将来を救うのは科学技術。スポーツと同じように多くの若者がこの世界で頑張っている。個性豊かな人材を育てることがますます大切になる」と、若い科学者の育成にも力を注ぐ。この願いは、「どこへ行っても、山梨を忘れることはない」という故郷への思いと重なって「山梨科学アカデミー」設立への協力などへと広がっていった。

「結核、マラリア、エイズ。二十世紀にはコントロールできなかった病気を、二十一世紀には人の手で抑えられたら、と思っています」。使命感と信念に支えられた科学者としての目は、さらに一歩先を見すえている。

■2002年6月2日掲載

自然から学ぶ科学の面白さ

微生物代謝産物研究の世界的権威
日本学士院会員に就任した　大村智さん（韮崎出身）

「志持ってやり抜く意志を」

微生物から人間に有用な物質を抽出する微生物代謝産物研究の世界的権威である大村智さん（六六）＝韮崎市出身、北里研究所長＝が、ノーベル化学賞受賞者の白川英樹さんらとともに日本学士院会員に就任した。甲府市内のホテルで五月二十七日に開かれた祝賀会には山梨科学アカデミー関係者らが多数集まり、大村さんを囲んで古里の話題や科学談議に花を咲かせた。山梨の科学技術振興にも貢献している大村さんは、科学立国の重要性を説き、今後の研究への情熱や次代を担う青少年への熱いメッセージを語った。

「私はラッキーな男だと思う。何がラッキーかというと『ああしたい』『こうしたい』という思いを実現できるからだ。学士院会員になればいろいろな人の力を借りることができる。さらに日本の科学の発展に貢献したい」と日本学士院入りの感想を語る。

大村さんは日本科学会の推薦により、昨年十二月の同院総会で新会員に選出された。第二部（自然科学部門）の第四分科会（理学）天然物有機化学専攻に所属している。

人に役立つ研究

三十年来の研究では多様な分野に有用な微生物、それを基にした新しい化合物の発見を続けてきた。発見した新規化合物は三百種類以上におよび、三十種類以上が医薬品や動物薬、生化学研究用試薬として実用化されている。国内外から高い評価を得て、米、ドイツ、フランス三国の科学アカデミー会員でもある。

大村さんが世に出した数々の業績のうちで評価が特に高いのは抗寄生虫薬エバーメクチン（アベルメクチン）。これを基にした誘導体イベルメクチンは、マラリアとともに恐れられる熱帯病オンコセルカ症（河川盲目症）の特効薬として知られる。米国の製薬会社が病気が撲滅されるまで薬の無償提供を打ち出し、WHO（世界保健機関）は撲滅作戦を展開。「約四千五百万人を失明の危機から救っている」（大村さん）という成果を挙げている。

「人に役に立つことをしようと若い研究者とともに取り組んだ。障害もあるが志を持ってやり抜く意志が必要」。自らの経験から若手の研究者らに言い続けている。

科学者として日本の科学技術の行く末に抱く危機感は強い。

自然の中に原点

「日本の将来を考えたとき、科学を育てていかないと世界の二流、三流に落ちてしまう。かつての日本は外国から学び、まねをしてきた。どの国もやらないような発見をする、その基礎は科学技術。将来を変えていく科学者の育成に時間を割いていきたい」

指摘される青少年の科学離れの背景を「子どもたちが自然から離れてしまっているから」とみる。「自然の中にいればたくさん面白い現象を見つけられる。そこに原点がある。自然にはものすごい可能性があり、子どもたちは興味があれば自分で調べてみるだろう」と、科学復興のかぎを自然との触れ合いに見いだす。

県在住、県出身の科学者らが領域を超えて集う山梨科学アカデミーは大村さんが中心となって一九九五年に発足した。情報交換、啓もう活動、顕彰による人材育成を進めている。

「国だけでなく、地方が力を付けなければならないと思い、提唱した。小中学校に科学者が訪問したときの子どもたちの感想文を読むと、夢が実現できたんだと思う」と同アカデミーの成果に手ごたえを感じている。

今後の研究への情熱も尽きない。「ヒトゲノム（人間の全遺伝子情報）が分かり、今後はそれがどんな機能を持つかを解明する時代。機能が分かると病気の原因が分かる。微生物がつくる物質には薬に実用化できるものがたくさんある。良い薬を提供し続けることに仕事の方向を向けていくつもりだ。常に先端を歩む「志」は衰えることなく先を見つめている。

〈小林　康治〉

おおむら・さとしさん　1935年、韮崎市神山町生まれ。韮崎高、山梨大卒。東京理科大大学院修士課程修了。日本人2人目のロベルト・コッホ金牌のほか、日本学士院賞、上原賞、藤原賞や第24回野口賞など多数の賞を受けている。

■2003年1月12日掲載

糞線虫症治療薬に認可

大村・北里研究所長(韮崎出身)ら発見の駆虫薬

イベルメクチン

日本生まれの世界的な駆虫薬、イベルメクチンが、沖縄県や鹿児島県・奄美大島に多い糞(ふん)線虫症の治療薬として認可された。イベルメクチンは北里研究所の大村智所長＝韮崎市出身＝らが発見した物質で、この20年、家畜などの寄生虫やダニの予防・治療薬として日本も含めて世界で最も多く売れ続けた動物薬。また、寄生虫に感染すると盲目になる熱帯の風土病、オンコセルカの予防薬として毎年、途上国に無償で提供されて約4500万人がのんでいる。日本で保険が使える人の薬として認められたのは初めて。大村所長は「これほど多くの人が恩恵を受けている薬は珍しい。日本の人々にもようやく役立つようになった。感無量だ」と喜んでいる。

臨床試験 50人中49人に効果

糞線虫は皮膚を通して感染して小腸上部に寄生し、腹痛や便秘などを起こす。ヒトT細胞白血病ウイルス(HTLV1)の感染が重なると、重症化しやすい。沖縄県と奄美大島で患者は約三万人と推定されている。

琉球大医学部の斎藤厚教授らの臨床試験によると、糞線虫症患者五十人に錠剤を二週間おいて二回のんでもらったところ、四十九人で糞線虫がいなくなった。海外の比較試験でも、既存の薬より効果は高く、副作用は大幅に少なかった。

臨床試験に参加した琉球大の平田哲生医師は「軽症患者にも使いやすく、糞線虫症の画期的薬」と話す。

この薬は、ヒゼンダニが皮膚にすみついて起こす疥癬(かいせん)の特効薬としても有望視されている。疥癬は最近、介護施設などで集団発生が続発。日本皮膚科学会などでは、疥癬にも使えるよう、臨床試験を待望する声が強まっている。薬は、万有製薬(東京)が発売している。

大村所長は、微生物から有用な物質を抽出する微生物代謝産物の研究で世界的に知られている。発見した三百種類以上になる新規化合物のいくつかは、医薬品、動物薬、生化学研究用試薬として実用化されている。イベルメクチンは、一九七〇年代に大村所長らが伊豆半島の川奈ゴルフ場の土から採取した放線菌が作り出す物質。

■2004年11月17日掲載

山梨総合理工学研

所長に大村智氏内定

管理部門 工技センターに設置

山梨県は十六日、来年四月に設立する「山梨総合理工学研究機構」の所長に大村智氏(六九)＝北里研究所長、韮崎市神山町＝を内定した。同機構は産学官を結ぶネットワークの核組織として開設、所長は機構の統括や研究テーマ決定などの権限を持つ。管理部門は甲府・県工業技術センター内に置く方針。

大村　智氏

大村氏は、微生物から有用な物質を抽出する微生物代謝産物の研究で世界的に知られている。ローベルト・コッホ金牌など受賞多数。県内では山梨科学アカデミー副会長などを務めている。

所長は研究機構を統括し、外部有識者でつくる運営委員会を主宰するとともに、研究テーマの決定などを主な業務とする。研究機構の組織としては所長のほか、所長直轄のコーディネーター、研究員、事務職員を配置。コーディネーター(二人程度)は研究テーマ別の人員調整や研究の進行管理、研究テーマ調整会議を運営し、研究員は各試験研究機関との兼務でテーマごとにチームを組む計画。

研究機構の設立に向けて県が学識者らを集めて七月に立ち上げた検討委員会は、これまでに二回の会合を開き、「所長が強いリーダーシップを発揮できるような態勢が望ましい」との方向を示している。

さらに協議を重ね、十二月中に研究機構のあり方や具体的な運営方法などについて最終的な取りまとめを行う。

21 語録

人のために努力

「とにかく相手のことを考えながら生活することが、いい人生を送ることになる。応援する雰囲気が出てくるし、人も現れてくる。自分のことだけ考えていると、協力者が現れず大物になれない」

（2015年10月17日、韮崎大村美術館で会見）

■2005年3月12日掲載

米国化学学界の権威ある賞

大村智さん（北里研究所長）が受賞

東京都の北里研究所長の大村智さん（六九）＝韮崎市出身、東京都在住＝が、米国化学会から、天然物有機化学の領域で卓越した研究業績をあげた科学者に贈られる「アーネスト・ガンサー・アワード」を受賞した。十五日、米国カリフォルニア州サンディエゴで表彰式が行われる。

大村　智さん

同賞は有機化学の分野では最も古く、権威のある賞のひとつ。これまでの受賞者のうち、三人がノーベル化学賞を受賞している。日本人では一九九九年の森謙治東京大学名誉教授以来、二人目の受賞となる。

大村さんは微生物代謝産物研究の世界的権威。これまでに百五十種類以上の異なるタイプの化合物と、三百三十種類以上の新規化合物を発見した。抗寄生虫薬エバーメクチンの発見では、これを基にした誘導体イベルメクチンが河川盲目症の特効薬として用いられ、世界で盲目の危機にあった数百万人の人々を救った。

受賞の知らせに「医学など（化学の）波及的な分野でいただいた賞ではなく、化学という、私が純粋に研究を続けていた分野が評価された。そういう意味では感無量の思い」と話している。

大村さんは五八年に山梨大を卒業。六八年に東大から薬学博士号を、七〇年に東京理科大から理学博士号を授与され、九〇年から北里研究所の理事・所長を務めている。来月設立される山梨総合理工学研究機構の代表に内定している。

■2007年4月6日掲載

ウメザワ賞18年ぶり日本人に

大村智さん（北里研究所長）受賞

大村　智さん

感染症やがんの治療薬の開発など、化学療法の発展に貢献した科学者に国際化学療法学会が贈る「ハマオ・ウメザワ記念賞」に、北里研究所（東京都港区）の大村智所長＝韮崎市出身＝が選ばれた。

大村所長は、熱帯地域などで見られ、失明することもある寄生虫疾患オンコセルカ症などに有効な薬を発見。ほかにも多くの抗生物質や医薬品を開発したことなどが評価された。

同賞は、抗生物質などの分野で大きな業績を残し文化勲章を受けた故梅沢浜夫博士をたたえて、一九八九年に設けられた。二年に一度贈られ、日本人の受賞は十八年ぶり二人目という。一日にドイツ・ミュンヘンで授賞式が行われた。

大村所長は「マラリアやエイズなどでも、第三の治療薬開発に取り組んでいきたい。若い研究者の育成にもつながればいい」と話している。

大村所長は日本学士院会員で、専門は天然物有機化学。現在、県立美術館協議会長、山梨科学アカデミー副会長を務め、三月までは県総合理工学研究機構の総長だった。

■2007年4月21日掲載

抗寄生虫薬・イベルメクチンを発見

熱帯病の撲滅運動に貢献

大村北里研究所長（韮崎出身）にウメザワ賞

東京・北里研究所の大村智所長（韮崎市出身）が、国際化学療法学会の最高賞である「ハマオ・ウメザワ記念賞」を受賞した。化学療法は感染症やがんなどに特効的に作用する化学物質を使って治療する方法。大村所長は多くの抗生物質や医薬品を開発したことなどが評価された。失明することもある熱帯病オンコセルカ症などに有効な薬の発見もその一つ。予防・治療薬として現在、世界保健機関（WHO）の指導の下、アフリカで大がかりな同症の撲滅作戦が展開され、二〇一〇年にはアフリカ全土から公衆衛生上制圧できるとみられている。

オンコセルカ症は、回旋糸状虫の感染によって皮膚のかゆみ、皮下のむくみなどの症状を起こし、やがて多くの人たちが失明に至る熱帯病で、河川盲目症とも呼ばれている。

予防・治療薬は、大村所長の提案で始まった米国の製薬会社メルク社との共同研究によって、一九七九年に発見された抗寄生虫薬イベルメクチン。もともと動物薬だったが、同症の特効薬としての効果が判明し、WHOは同社の無償供与を受け八八年からアフリカでの撲滅運動に導入している。

ガーナでオンコセルカ症制圧のVサインをする北里研究所の大村智所長（中央）

スイス・ジュネーブでWHOのリー事務総長（当時、左）と対談する大村所長（いずれも2004年9月、北里研究所提供）

オンコセルカ症は制圧の見通し

同症は、セネガルやガーナなど十一カ国で既に制圧。現在も運動は続き、二〇〇四年には一年間で六千三百万人に投与され、失明から救っている。数年後には九千万人が恩恵を受けると見られている。WHOのリー前事務総長は「天然痘に次いで感染症が撲滅されることになる」と、イベルメクチンの発見をたたえたという。

大村所長は「思い出深い研究はいろいろあるが、この発見は今になって若いころの仕事の大きさを思い知らされる」と振り返る。毎年数万人を失明から救うことで農作業の労働力も維持され、一千五百万人分の食糧増産という経済効果にもつながっているという。

イベルメクチンはこのほか、世界で一億二千万人が感染しているといわれる熱帯病のリンパ系フィラリア症をはじめ、糞（ふん）線虫症や疥癬（かいせん）の予防・治療薬としても使われている。

ハマオ・ウメザワ記念賞は化学療法の発展に貢献した科学者に二年に一度贈られる。日本人としては十八年ぶり二人目の受賞となった。授賞式は、国際化学療法学会総会に合わせて四月一日にドイツで行われた。

最初の血清療法を発見した北里研究所の創立者北里柴三郎、感染症に対する最初の化学療法剤サルバルサンを共同研究で発見した同研究所元副所長の秦佐八郎の両氏が研究したのもドイツ。式に出席した大村所長は「今回たまたまドイツが会場となったが、北里との不思議な運命の糸を感じる。特効薬としての大きな効果と考え合わせ、感慨無量」と喜びを語った。

おおむら・さとしさん　1935年、韮崎市神山町生まれ。韮崎高、山梨大卒。東京理科大大学院修士課程修了。ロベルト・コッホ金牌のほか、米国化学会アーネスト・ガンサー賞、日本学士院賞、藤原賞、第24回野口賞など多数の賞を受けている。

語録 22

21世紀は心の時代

「北里大メディカルセンターは癒やしを重視し、病院として日本で初めて絵を飾るヒーリングアートを導入した。患者さんに私が好きな作品を見てもらい、和んでほしかった」（2015年10月25日、東京理科大で講演）

■2008年10月18日掲載

仏のレジオン・ドヌール勲章
大村さん（韮崎出身）が受章

レジオン・ドヌール勲章を授与された大村智さん（左）＝東京・フランス大使館

北里研究所名誉理事長の大村智さん（七三）＝韮崎市出身＝が、フランスのレジオン・ドヌール勲章を受章した。十七日に東京・フランス大使館で伝達式が行われ、関係者約百人が受章を祝った。

レジオン・ドヌール勲章は一八〇二年にナポレオン一世によって創設され、フランス政府が文化や科学、産業などの分野で顕著な功績があった人に授与している。化学の分野で同勲章を受章した日本人は、大村さんが初めてという。

大村さんは微生物代謝産物研究の世界的権威。抗寄生虫薬エバーメクチンを発見し、これを基にしたイベルメクチンが熱帯病の特効薬として用いられている。フランス政府は一九八七年、この薬剤の人への適用を最初に認可している。

この日は、フィリップ・フォール駐日大使が大村さんに勲章を伝達。大村さんは「日仏交流百五十周年に当たる年に叙勲を受け、感慨深い。今後も日本とフランスの友好、科学技術の発展に貢献したい」とあいさつした。横内正明知事、横内公明韮崎市長らも出席した。

大村博士のトリビア

【別名「大村哲史」】

大村智博士は2001年から、総合同人誌「中央線」（韮崎・中央線社発行）に随想などを寄稿している。「大村哲史」のペンネームを使い、父親との思い出や富士山の世界文化遺産登録などの動きに対する考えなどをつづっている。気分転換になるとして、哲史の名を使用している。哲史と書いて「さとし」と読む。哲学、歴史といった好みの分野にも通じる組み合わせの良さもあって決めたという。哲史のペンネームで、「ロードデンドロンの咲く街」「私の芝白金三光町」「夕暮れ」の著書もある。

■2012年10月31日掲載

文化功労者に大村智氏

韮崎出身 微生物研究の権威

大村 智氏

2012年度の文化功労者に30日、韮崎市出身で、微生物代謝産物研究の世界的権威である大村智氏(77)が選ばれた。

大村氏は1935年生まれ。韮崎高、山梨大卒、東京理科大大学院修士課程修了。現在は北里大名誉教授、北里研究所顧問。ロベルト・コッホ金牌など国内外の著名な賞を受け、2000年には山梨日日新聞社、山梨放送など制定の野口賞も受賞している。

微生物が生産する天然有機化合物の研究に長く取り組んだ。人間を失明に至らせるオンコセルカ症や、熱帯地方に多いリンパ系フィラリア症などの特効薬イベルメクチンの生みの親として知られ、この薬は世界で毎年2億人以上に投与されている。

美術にも造詣が深く、女子美術大理事長も務める。07年には韮崎市に自身のコレクションを収めた韮崎大村美術館を開館した。このほか、山梨科学アカデミーの開設にも尽力し、科学技術の振興と人材育成に努めている。〈田中喜博〉

■2014年3月28日掲載

途上国貢献のガードナー保健賞

大村さん(韮崎出身)日本人初受賞

医学の分野で重要な発見をした科学者をたたえるカナダ・ガードナー賞の2014年の受賞者に、韮崎市出身で北里大特別栄誉教授の大村智さん(78)が選ばれた。ガードナー財団が27日までに発表した。発展途上国の衛生改善に貢献した「国際保健賞」で、この分野の受賞は日本人で初めて。

「国際賞」は過去に山中伸弥さんや利根川進さんらが受賞している。

大村さんは1970年代、日本の土壌で見つけた微生物のつくる物質が寄生虫に効果があると発見。この物質を基に開発した薬剤が、失明することもある「河川盲目症」や皮膚が膨れ上がる「象皮病」など、複数の熱帯病の特効薬となり、多くの人を救った。大村さんは「微生物の力を利用して人の役に立とうと研究を続けてきた。志したことが認められ、うれしく思っている」と話した。

授賞式は10月30日。大村さんには賞金10万カナダドル(約900万円)が贈られる。

大村さんは1935年生まれ。韮崎高、山梨大卒、東京理科大大学院修士課程修了。これまでにドイツのコッホ・ゴールドメダルやフランスのレジオン・ドヌール勲章などを受け、文化功労者にも選ばれている。

山梨科学アカデミー会長、女子美術大理事長を務め、2007年には韮崎市に自身のコレクションを収めた韮崎大村美術館を開館した。00年、山梨日日新聞社、山梨放送など制定の野口賞を受賞している。〈植田裕作〉

「ロベルト・コッホ金牌」に輝いた北里研究所長

大村 智氏

特集 *The Human*

価値ある新物質 微生物から発見

〝重みのある金牌に感慨無量 遺伝子操作の可能性は無限 今後も若い人と研究活動〟

韮崎市出身で社団法人・北里研究所＝東京都港区＝の所長。医薬品の開発や生化学研究に重要な役割を果たす、数多くの生理活性物質を発見してきた。これまでの研究活動が、ドイツのロベルト・コッホ財団に認められ、「ロベルト・コッホ金牌」に輝いた。十月二十七日、ボン大で行われる授賞式に妻の芙規子さんと出席する。

同賞は結核やコレラなどの原因菌の解明を通し、多くの病気が微生物により引き起こされることを発見したドイツのロベルト・コッホ博士（一八四三～一九一〇）の業績を顕彰。感染症などの研究や医学に貢献した研究者を奨励するため、一九六〇年に創設された。数ある国際医学賞の中でも権威がある。

金牌は、長年の業績に対して授与され、世界各国から毎年一、二人が受賞している。今回の金牌は日本からの一人だけ。日本人の受賞は、『吉田肉腫』など癌の研究で著名な故吉田富三博士に次いで三十四年ぶり二人目。個別の研究成果に贈られる奨励賞もあり、日本人では利根川進・米マサチューセッツ工科大教授ら三人に贈られている。

コッホは研究所の創設者・故北里柴三郎氏が師事した人物。北里氏は、コッホの元でペスト菌を発見、破傷風菌を培養し、血清療法を発明、ノーベル賞候補にもなった。研究所にゆかりのある賞に、「世界的な学者がもらう重みのある金牌に感慨無量。何よりも北里先生が喜んでくれる」と喜ぶ。

山梨大学芸学部を卒業し、東京都内の夜間高校の教師をする傍ら、「もう一度勉強したい。研究者になりたい」と東京理科大で化学を学んだ。山梨大発酵生産学科で助手を務めた後、研究所に入った。発酵生産学科や研究所で微生物に出合い、「微少な細胞が集まると、一つの工場くらいの能力を発揮する。微生物の力に驚いた。うまく利用すれば役立つ」と思ったそうだ。

七三年に研究所内に研究グループを編成し、以来、共同研究者と微少な生物の営みを見続けている。土を採取し、見えない微生物を探し出す。新しいカビやバクテリア、放射線菌が見つかったら培養し、微生物が作り出す物質を分析する。新物質に当たる確率は六千分の一。役に立たない物もたくさんある。

今も二つ折りの財布の中に小さなスプーンとビニール袋を忍ばせ、出かける先で土を一すくいして、研究所で分析する。「自分の仕事の自覚のために、いつも持ち歩いている。お守りも兼ねて…」。東京の自宅の敷地から発見した放射線菌に、住所が名前に付いたこともあった。

二十四年間に発見した新物質は二百九十五種類。このうち三十種類以上が、抗生物質や細胞の動きなどを

北里研究所の所長室で今後の夢を語る大村智さん

研究の第一歩は土の採取。今も財布にスプーンとビニール袋を入れ出先で土を採取する

週末訪れる韮崎市内の自宅。海外での講演用に研究成果の整理に余念がない

実家を開放した蛍雪寮で開くセミナーで学生らと議論

おおむら・さとし氏

1935年、韮崎市神山町生まれ。63年に東京理科大の大学院を修了し山梨大文部教官助手。65年から北里研究所に勤め、90年から同研究所理事・所長。この間、東京大薬学博士、東京理科大理学博士となり、北里大薬学部教授などを務めた。現在、山梨県科学技術会議の会長。70年に北里奨学賞を受けたのを皮切りに、米国のヘキスト・ルセル賞、チャールズ・トム賞を受賞。このほか日本薬学会賞、上原賞、日本学士院賞などを受けた。95年に藤原賞と日本放射線菌学会特別功績功労賞。97年にロベルト・コッホ金牌を受賞。東京都世田谷区。

調べる研究試薬として実用化されている。伊東市内のゴルフ場で発見した菌が代謝する物質は、虫下しの新薬となった。新薬は、失明を伴う中央アフリカの風土病予防に大いに役立っている。

八五年には英国の研究者と共同で、遺伝子操作を使った抗生物質を発表した。違う特性を持つ二種類の菌から、両方の特性を兼ね備えた菌を作るというもの。独創的な方法は世界初の試み。

地球上の微生物のうち一〇%が発見されているといわれる。残りは九〇%。「いずれ全ての微生物が見つかってしまう可能性がある。遺伝子操作を駆使すれば、いろんな物質が作れ、可能性は無限」と語り、「いつかは世の中に役に立つものが出来るはず」と、自らが技術開発した遺伝子操作に新しい夢を託す。

世界中を駆け回り研究や講演と忙しい中で、山梨県科学技術会議の会長、山梨科学アカデミーの副会長を務めている。韮崎市内に自宅を建て、実家は蛍雪寮と名付け、学生や若手研究者に自身も一緒になって、毎年、セミナーを開いている。

ふるさと山梨について、「地場産業に科学的な考え方を導入して、新しい物を生み出していかなければ…。文化や科学分野の話を聴く機会があってもいい」と助言する。

また、「日本は頭脳で勝負する科学立国を目指すほかはない。次世代の人材育成を怠ったら先はない」と、教育の大切さを説き後進の指導に力を注ぐ。

日本学士院賞や藤原賞など格式の高い数多くの賞を受けてきた。「今後も若い人と一緒に、難病に効く薬を作る新しい物質を見つけていきたい」と、金牌受賞を励みに地道な研究活動が続く。

大村博士のトリビア

【こだわりのオレンジ色】

大村智博士のこだわりの色はオレンジ。どの色と組み合わせても目立つのが理由。北里大薬学部の教授に就任した際に始めたセミナーのポスターには、当時なかなか手に入らなかったオレンジ色の用紙を使っている。

最新の科学情報を教育現場に

（2008年11月16日、山梨日日新聞「時標」）

寄稿

■2000年10月15日掲載

〈句言〉真の科学立国のために

シドニーオリンピックでは、国中が大にぎわいだった。国をあげて大人も子供もこれだけ一つのことに熱中できることは、大変結構なことである。しかし、わが国の将来を思うとき、青少年にもう少し別のことにも興味を持ってもらいたい。その一つに科学する心を挙げたい。

明治維新以降、これだけ短い間に経済大国の仲間入りをした国は他にはない。これにはいろいろな要因もあるだろうが、第一に教育を挙げることができる。その教育の主眼は欧米の近代文明を効率よく吸収することにあった。特に第二次大戦後の驚くべき発展は、わが国民に培われた知識や技術の吸収力のたまものである。今や影をひそめつつあるが、カメラ、テレビ、自動車など、「メード・イン・ジャパン」のブランドは品質も良く、安心して購入できた。そのような製品を世界に送り出すことにより、一気に経済大国の仲間入りをしたのである。

ところが最近の情報関連、およびバイオテクノロジー関連の産業などは大きく後れをとり、日本経済の将来を憂う有識者の声を聞くようになった。これまでの欧米列国に肩を並べるまでの発展は、一部の例外を除き、欧米で発見され、開発された科学技術を学んで成し遂げたものと言える。ところが、今後はまね事の繰り返しでは、成すことができない時代になったことを思い知ることが大切である。今や欧米の科学技術を学ぶのではなく、独自のものを持って先進国にしていかなければならない。

目下、国を挙げて科学技術立国を標ぼうし、国もこれまでにない科学研究費の増額を図っている。しかし、この先気になるのは今の教育のあり方である。このままでは行く先が心もとない。特に最近は、小中学校の理科の時間を減らしたり、理工系の大学入試にもかかわらず、一部の科目だけを受験すれば良しとしたりしている。たとえば医学部に入るのに生物が課せられなかったり、物理の試験を受けずに理工系に入学してくるといったことなどである。

これは児童、生徒にもっとゆとりを持たせることに理由があるらしい。そのこと自体は結構なことであるが、同時にこれとともにあってほしいのは、一つの秀でた才能を持つ若者を伸ばす制度、環境である。この事を欠くと安易な時間をもてあます児童、生徒の数を多くするのみである。

従来、わが国の教育の場では、全科目に秀でたいわゆる優等生をたたえる風潮がある。これからの日本では、優等生より一つの事に秀でる人材こそが尊ばれる。子供たちに接する時、まず何が長所かを見ること、それを伸ばしてやることである。長所が伸びれば相対的に欠点は小さく取るに足らないことになる。枠にはまった人間は定まった道しかなく、半端な人間の方が可能性は大きい。

社会全体が優れたものを尊ぶ風潮を形づくることこそ日本の歩む道ではなかろうか。この個性的な才能には、音楽や美術、スポーツ、その他もろもろのものが考えられるが、この中には独創的な発想をする才能を持つ者も入っている。

スポーツの素晴らしさは、日ごろの努力の成果を競うその姿である。スポーツはできなくとも、科学への好奇心に富む青少年も多い。そういう若者に努力する素晴らしさを知ってもらう機会を多く持てるようにしたいものだ。スポーツはルールもわかりやすく、勝負もはっきりしているが、科学する心の楽しさ、面白さもスポーツに勝るとも劣らない。何よりも大事なことは、科学技術を発展させなければ、日本の将来はないことを若者に知ってほしい。

社団法人山梨科学アカデミーは、全国の都道府県に先駆けて創立された山梨県内と山梨県ゆかりの科学者と科学技術を支える人々の集まりである。この法人の重要な事業の一つに「未来科学者訪問セミナー」がある。これはアカデミーの会員をはじめ、科学のそれぞれの分野の専門家が県下の小、中学校を訪ね、わかりやすく科学の話をする試みである。この事業が、山梨県科学技術振興にも役立つものと期待している。

若者たちのためにも日本の将来のためにも、科学技術の振興がいかに大事であるかを多くの人々に理解してもらうことが、このアカデミー創立の趣旨の一つでもある。資源に恵まれないわが国が生きる道は他のどの国よりも努力し、独創性を発揮した真の科学技術立国を目指すことである。

大村 智

おおむら・さとし氏　北里研究所長、米国科学アカデミー会員、ドイツ科学アカデミー会員、県科学技術会議会長。韮崎市神山町出身。65歳。

■2008年11月16日掲載

時（じ）標（ひょう）

高めてほしい理科の教育力

大村　智

世界の経済情勢が深刻になっているさなか、南部陽一郎、益川敏英、小林誠の三博士がノーベル物理学賞を受賞すると報道された。しかもその翌日には、下村脩博士の化学賞受賞のニュースも流れ、日本中が沸き返った。まずは、優れた成果を挙げられた受賞者の方に、心からの敬意と慶賀を表したいと思う。

だがしばらくして、文部科学省から米国籍の南部氏は米国の受賞者に記録される、と発表された。私はそれを聞いた時、国籍はともあれ、同じ年の複数の日本人のノーベル賞受賞者を単純に喜んでよいものか、と思った。いずれも、三十、四十年前の研究成果で活動舞台が主に米国ということにである。つまり、この受賞は、科学技術立国を標榜（ひょうぼう）する今の日本の科学水準を示すものではない。

現在、確かにわが国の科学・技術のレベルは高まり、ノーベル賞受賞対象に達している領域も多いと思う。だが、あらゆる科学分野でのレベルの高さと層の厚さを誇る米国と比して、格段の相違を感じる。ここであえて層の厚さを取り上げたのは、「科学・技術の革新は、いわば総合力のあるところに生まれる」と思うからである。

下村氏のオワンクラゲからの緑色蛍光タンパク質（GFP）の発見だけであれば、「おもしろいタンパク質を見つけた」で終わったかもしれない。それが同じ米国において、細胞や体内組織のタンパク質の挙動を知る手がかりとなるモレキュラーイメージング（分子可視化技術）への応用研究によって、一躍、脚光を浴びるようになった。これは、共同受賞したマーティン・チャルフィー、ロジャー・チェン両博士のGFP遺伝子のクローニングおよびGFPの構造

大村　智

変換などにより、生命科学上極めて重要な道具へと高められたからである。すなわち広く厚い研究領域が米国にあったからこそ、研究成果は生かされた。

筆者が関係する米国の化学会では層の厚さを誇るだけでなく、人材育成と新たな人材の投入に熱心である。児童・生徒、大学生の化学教育に力を入れ、同分野で功労のあった人々への顕彰にも努めている。最近、わが国も科学技術関連分野研究の国家予算を着実に増やしていることは、誠に結構なことである。

しかしそれだけではなく、科学技術の将来を担う小学生から高校生ら若者たちを対象にした、理科教育の予算増強が望まれる。その中には、理科教員の質の向上と教育環境への支援も含まれる。若い人たちの教育に携わるすべての者は、教員免許を有することではなく、「自身が絶えず研鑽（けんさん）を積み、新しい知識や技術を身につけ進歩し続ける者にこそ、資格がある」。これは教員であった私の母の言葉である。

十二年前、有志と共に他県に先駆けて山梨科学アカデミーを立ち上げた際、この人材育成の理念が盛り込まれた。同アカデミーは、県内の大学、県の試験研究機関の有志によって構成される。活動の中では、一般講演、本アカデミー賞各賞や奨励賞受賞者の講演に加え、県内外から第一線の研究者を招いて特別講演を行っている。そのような機会に理科教員が参加し、最新の科学情報を得て教育現場に生かしてほしい、と願っている。

オワンクラゲを展示している水族館が、にわかに脚光を浴び、入館者を増やしているという。オワンクラゲのみならず、すぐそこに観察して楽しい自然現象があることを知り、それらに児童・生徒の目が向き、興味を持つようになれば、おのずと前途に光が差してくる。

（学校法人北里研究所名誉理事長）

おおむら・さとしさん　1935年韮崎市生まれ。山梨大卒。北里大名誉教授、日本学士院会員、薬学博士、理学博士。95年に県内の有志と共に社団法人山梨科学アカデミーを創立。

強い気持ちが成果を呼び込む

（2012年11月25日、山梨日日新聞連載「フォーカスやまなし」）

新聞連載「フォーカスやまなし」

■2012年11月25日掲載

四半世紀最大の発見

ガラス張りの壁面から、ぬくもりのある陽光が差し込む。重厚な建物の一室、背の高い扉の向こうに、鍵の掛かったガラスケースが並ぶ。その中に、手のひらに収まるほどのシャーレが保管されている。表面には斑点状の菌が出現していた。

今月1日、微生物代謝産物研究の世界的権威である大村智（77）＝韮崎市出身＝の功績を顕彰する「大村記念館」が、北里研究所北本キャンパス（埼玉県北本市）に開館した。展示された菌は、大村らが土壌から発見した「エバーメクチン生産菌」。この生産菌から生まれた抗寄生虫薬「イベルメクチン」は、この四半世紀最大の発見として国際的な評価を得ている。

イベルメクチンは、人間を失明に至らせるオンコセルカ症（河川盲目症）に有効で、薬効があるリンパ系フィラリア症など他の病も含めると、世界各地で毎年2億5千万人以上に投与され、多くの人々を救っている。

約50年前、大村は都立墨田工高にいた。韮崎高、山梨大と進み、卒業後に就いた職は県外の夜間高校の教師だった。

油がこびりついた手、汗で汚れた服―。教壇から目に映ったのは、日が暮れるまで労働者として働く生徒の姿だった。表情に濃い疲れをにじませながら、教えを待つ真摯なまなざしに、大村の心は大きく揺さぶられた。

「学び直そう」。東京理科大大学院に入学。昼は勉強に励み、夜は夜間高校で教鞭を執った。週末は大学院に寝袋を持ち込み、実験に没頭した。

夜間高校での経験は、大村が本格的に研究者へと歩み始めるきっかけとなった。

2004年9月、アフリカのガーナ。大村は現地の集落に立った。オンコセルカ症の現状把握と、薬の利用状況を確認するためだ。あちこちに、失明した人々の姿が確認できた。子どもたちが手を引き、先導している。まん延地帯の実態を目の当たりにした。

案内された学校で、教師から「何か話せ」と促され、子どもたちにあれこれ聞いてみたが、反応は薄い。「メクチザン（イベルメクチンの商品名）は知っているか」。この言葉に一斉に笑顔がはじけ、歓声が上がった。投薬が進み、子どもたちの目の輝きが失われることはなくなっていた。

「研究者として頑張ってきて、本当に良かった。あの感動は忘れない」。ガーナの子どもたちを思い出すたび、大村の胸は熱くなる。そして思う。この道を歩んで約50年。志は道半ばだ、と。

エバーメクチン生産菌。これをもとに、治療が極めて困難だった寄生虫感染症に有効なイベルメクチンが生まれた

原点は故郷の自然体験

茅ケ岳から八ケ岳、富士山を一望する韮崎市神山町鍋山。民家が点在し、鳥のさえずりが響く静かな集落に、大村智（77）は生まれた。

日本学士院会員、北里大名誉教授、北里研究所顧問、女子美術大理事長…。名刺は肩書で埋まり、ロベルト・コッホ金牌、レジオン・ドヌール勲章、文化功労者など受けた栄誉は数知れず、研究成果は「ノーベル賞級」とまで言われている。そんな天然物有機化学分野の研究者としての歩みは、韮崎での豊かな自然体験から始まった。

1935年、田んぼや桑畑を持つ農家の長男として生まれた。少年時代、きょうだいと田植えや桑の葉摘みなどをして家業を手伝った。姉の山田淳子（78）＝同所＝は「田の草取りでは、1人当たりの範囲を決め、役割分担を徹底していました。効率を意識していたのでしょう」。仲間と協力して成果を出す。現在の研究者としての姿と重なる。

農作業は、発見の連続だった。刈り入れを終えた田で、堆肥づくりのために積まれたわらは徐々に熱を帯び、水をかけておくと熱さを増した。微生物による発酵現象を、理屈抜きに感じた。「韮崎の自然は、これ以上ない素晴らしい先生だった」と大村。故郷での日々が、化学者の下地となっていった。

山梨大卒業後、大村は都立の夜間高校の教師を経て、同大に助手として戻った。工学部発酵生産学科で、ぶどう酒の研究に携わった。微生物研究との出合いが待っていた。

微生物の働きによって、ブドウ糖が一晩でアルコールに"変換"された。「ものすごい力だ」。広く知られていたことだったが、そのパワーに大村は新鮮な感動を覚えた。微生物研究へのあこがれは強まり、65年、北里研究所（東京都）の門をたたいた。

入所後は研究に没頭。米国留学にも挑み、研究者としてのスキルを磨いた。帰国後の研究資金を得るため、当時、企業に提案した契約方法は画期的だった。製薬会社から資金提供を受けて研究し、その成果の特許を会社側に与えて創薬、ビジネスを生んだ場合は特許ロイヤルティーを支払ってもらう。「大村方式」と呼ばれた。

交渉の末、年間約8万ドル（73年当時で約2400万円）を3年間受けることに決まった。大村は「国立大の研究者でも、あのころの研究費は年200万〜300万円程度だったと思う」と振り返る。破格さが際立つが、相応の結果が求められる。「普通のことをやっていたら、世界の研究者に太刀打ちできない。普通じゃないことに取り組めばいい」。熟考を重ねてたどり着いた答えが、ほぼ手付かずの分野だった動物薬の研究開発だった。もくろみ通り研究は成果を上げ、後に失明を防ぐ抗寄生虫薬の創薬につながるエバーメクチン生産菌の発見に至る。

土壌1グラム中に微生物が1億個いる、と言われる。微生物が産出する有用な物質を見いだすのが大村研究室の仕事だが、1年間成果が出ないこともある。「確かに運もあるが、それだけではない。見つけてやるという強い気持ちが成果を呼び込む」

大村の財布には、いつも小さなビニール袋が入っている。旅行先であっても、いつ、どこでも土壌を採取できるように。常に用意を怠らない「生涯一研究者」の信条は、細菌学者パスツールの言葉にある。「幸運は準備された心を好む」

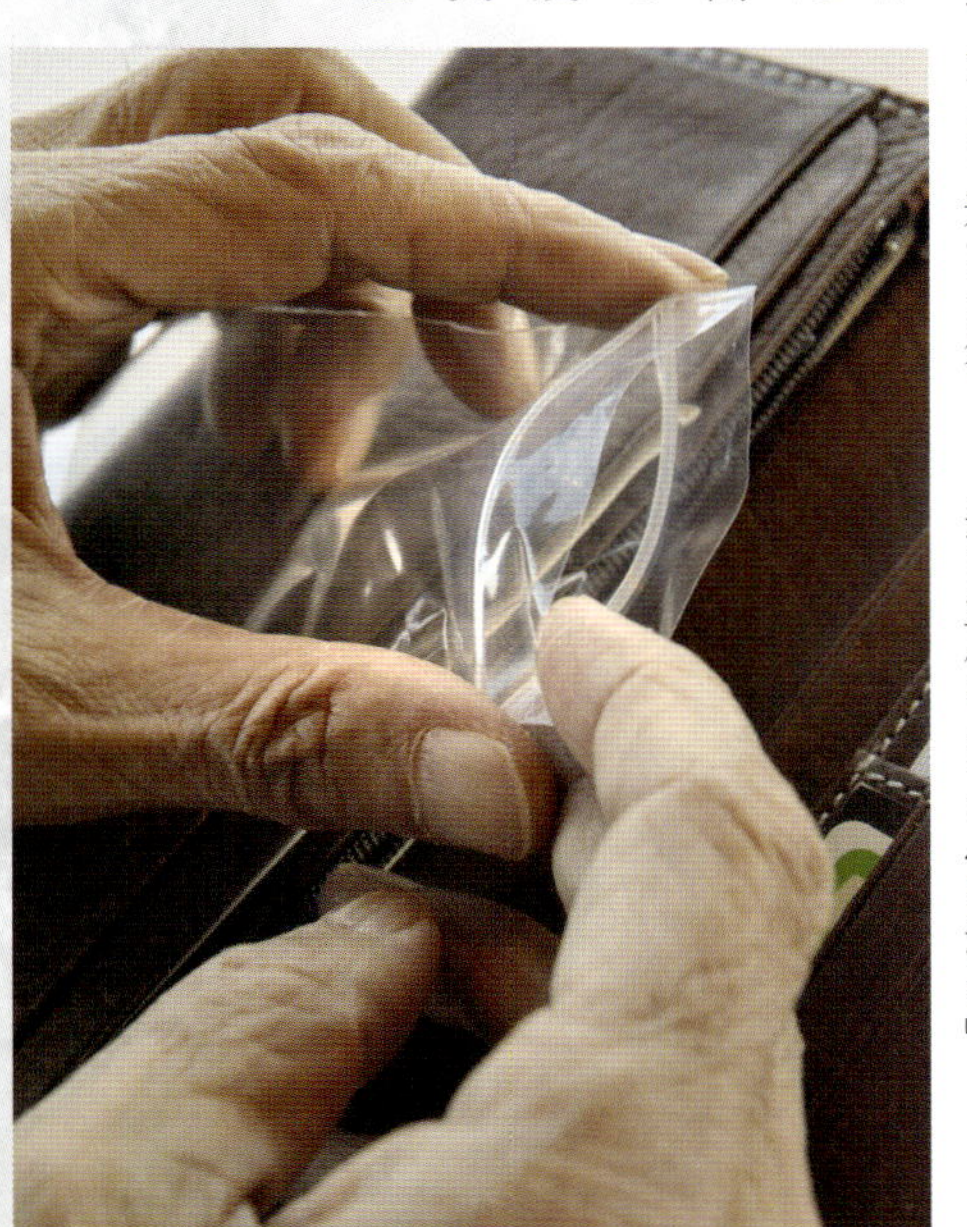

財布に入れた小さなビニール袋。旅行先などで研究用として土壌を採取するときに使っている。常に研究を意識した心構えの象徴だ

25 語録

豊かな感性から生まれるオリジナリティーが大切

（2012年11月25日、山梨日日新聞連載「フォーカスやまなし」）

心を癒やすアートの力

初老男性が見つめる先には、柔らかな色彩と筆遣いで描かれた1枚の風景画。立派な額縁に収まるその絵の横には、花々の絵画。芸術に彩られた通路は、優雅な雰囲気さえ漂っている。

1989年開院の北里大北里研究所メディカルセンター病院（埼玉県北本市）は、芸術で来院者の心を癒やす「ヒーリングアート」の先駆けだ。病院の建設費は、大村らの研究で生み出された特許ロイヤルティー収入でまかなった。

大村は21世紀を「心の時代」と捉え、病院開設時の新たな提案として、病院の空間に絵画による安らぎと癒やしを与えた。「通院の多かった幼少期、病院は殺風景で退屈な場所だった」。そんな原体験は、ヒーリングアートという概念として昇華。現在、院内壁面には350点以上が飾られている。

大村が懇意にする画家桜井孝美（68）＝富士吉田市下吉田＝には、忘れられないエピソードがある。99年9月、中年の小柄な女性が、子どもの診察のため来院した。離婚と生活苦から身投げまで考えていたという女性は、院内に飾られた大きな絵に心を打たれた。神々しい太陽が鮮烈に描かれた油彩画「朝日」。桜井の作品だった。

北里大北里研究所メディカルセンター病院内に飾られた桜井孝美の油彩画「朝日」。鮮烈で印象的な太陽の絵に、多くの来院者が見入っていた　＝埼玉県北本市

「この画家に会わせてほしい」。女性の懇願を受け、病院が桜井に取り次いだ。「感動しました。もう一度、生きたい」。面会に来た女性の言葉に、桜井は驚きを隠せなかった。1枚の絵が来院者の心を癒やし、生きる力を与えた。「あらためてアートの力を知った」

北里大北里研究所メディカルセンター病院はいま、「絵のある病院」として広く認知されている。開院の準備段階から長年関わっている同病院管財課職員の戸井田浩（65）は強調する。「芸術が来院者に与えるプラスの影響は計り知れない。それは心の栄養であり、なくてはならないものだ」。導いた大村の慧眼をたたえる。

大村の美術への傾倒は、年少のころからだ。絵画好きの母はよく、ミレーらの小さな複製画を買ってきては額に入れ、大村の勉強部屋や寝室に飾った。身の回りに絵がある環境が芸術に目を向かせるきっかけになり、自宅から見える茅ケ岳は絵を描く格好の題材だった。

趣味の美術コレクションも長年続けている。コレクター歴は40年以上になるが、1点目の野田九浦の日本画「芭蕉」は、いまだに大村の心をつかんで離さない。60年代後半、北里研究所に出入りしていた画商から月賦で購入した作品で、描かれた松尾芭蕉の何とも言えない表情に感銘を受けたという。

地元の韮崎に保管しているが、帰郷するたびに眺めてしまうのには訳がある。「とにかく落ち着く。心が休まるんだ」。芸術が持つ癒やしの力は、大村自身が身をもって知っている。

「人を育て、残す」思い熱く

「エネルギーの分野で、いま注目されている燃料電池。実はアポロ宇宙船にも使われていたんだ」。甲府・駿台甲府高の教壇に立っているのは、山梨大教授の宮武健治（44）。いつもとは違う授業に高校生たちは興味津々だ。

山梨科学アカデミーの主催で、19日に開かれた「未来の科学者訪問セミナー」。燃料電池の仕組みや活用法を学んだ生徒らは、「生活に直結した話で科学を身近に感じた」「大学教授の人の講義を受ける機会はめったにない。興味を持って聞けた」と口々に話した。

アカデミーは1995年、大村が中心となって発足した。小中高校生を対象にしたセミナーは14年間続いていて、参加者は延べ2万人以上に上る。「全国でも先進的な取り組み。科学の普及啓発に果たしている役割は、小さくない」。事務局の菊嶋文崇（35）が説明する。

大村の生家近く、釜無川を眼下に見る場所に5年前、「韮崎大村美術館」が開設された。女性作家を軸にした作品展示は注目を集め、草が生い茂るだけだった地は芸術文化の発信地となっている。

美術館の開設理念は、大村が収集した美術品の魅力を多くの人と共有すること。その思いは館外にも及ぶ。現在、韮崎市内の小中学校や文化ホールなどに約20点を貸し出し、展示している。「美術をより近くに感じてもらい、将来の心の糧にしてほしい」との願いで続けられている。

「科学」と「芸術」。一見距離を置く二つの領域に、大村は〝共通項〟を見いだす。「誰かが描いた絵に似ていたら芸術家失格。人と同じような研究をしていても価値はない。研究でも美術でも、評価されるのは、そこに豊かな感性から生まれるオリジナリティーがあるかどうかだ」

「ここがあるから、僕のあしたがある」。姉の淳子は以前、弟が韮崎への愛着を込めてこう言ったことを覚えている。「原点」と大村が何度も繰り返す韮崎には、旧知の仲間が寄り合う「同事会」という集まりがある。「みんな平等に付き合う」という意味の会の名は、大村が付けた。「偉ぶらないで、いつもざっくばらん。人をとにかく大事にする人」。40年以上の付き合いがある栗原信雄（80）＝韮崎市穴山町＝の「大村評」だ。山梨大時代の同級生、饗場侃（77）＝南アルプス市小笠原＝も「世界的な人物になっても、変わらず故郷を気に掛けてくれる人。うれしい限り」と語る。

研究の一線に立ち続ける大村の志は、いまも昔も「社会貢献」。「自分が社会のためにできることは何か」。多くを成し遂げてきたが、この自問は終わることがない。ただ、77歳になった現在、強く意識するのは人材の育成だ。

「世の中で金を残すのは下、仕事を残すのは中、人を残すことが上だ」。内務大臣として関東大震災後の「帝都復興」に取り組んだ政治家、後藤新平の言葉に深く共感する。若い人が育ち、活躍していける環境の整備。故郷韮崎、山梨に築いた美術館とアカデミーは、その思いの象徴に映る。

山梨から、日本から、多くの若者が世界に羽ばたくことを願ってやまない。「人を育てる。人を残す。これに尽きる。最近、ただただそう思うんだ」（敬称略）

〈文・田中喜博、笠井憂弥、写真・広瀬徹〉

韮崎大村美術館展示室で語る大村智。「人を残す」仕事に今、情熱を燃やす
＝韮崎市神山町鍋山

恕（じょ）

「孔子は論語の中で、思いやる心が人生を歩んでいく中で大事と言っている。思いやりの心は、なかなか実行できない。人の気持ちをくむため、想像力や創造力を磨いてほしい」（2015年10月17日、韮崎大村美術館で会見）

大村智さん略歴

1935年　韮崎市神山町に5人きょうだいの長男として生まれる
54年　韮崎高卒業
58年　山梨大学芸学部自然科学科卒業
大学時代、熱中したスキーで国体出場
63年　東京理科大大学院理学研究科修士課程修了
65年　北里研究所入所
68年　薬学博士号取得（東京大）
70年　理学博士号取得（東京理科大）
71年　米国ウェスレーヤン大客員教授
90年　北里研究所理事・所長
95年　山梨科学アカデミー設立
97年　女子美術大理事長
2005年　山梨県総合理工学研究機構総長
07年　北里大名誉教授
08年　北里研究所名誉理事長
13年　北里大特別栄誉教授
15年　山梨大特別栄誉博士

韮崎高校時代に出場したスキー大会。前列右端が大村智さん（1953年、根津強太郎さん提供）

スキーの帰りに山梨大の実験室で昼食をとる大村智さん（1958年、本人提供）

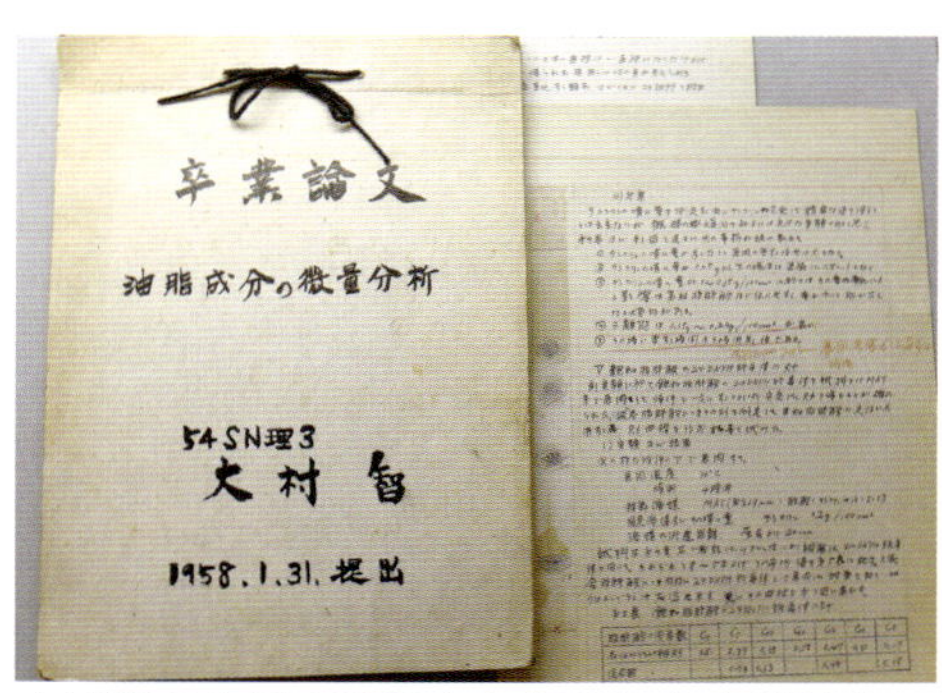

卒業論文

油脂成分の微量分析

54SN理3
大村智

1958.1.31.提出

大村智さんが1958年に提出した卒業論文（山梨大提供）

韮崎市の自宅前で撮影された家族写真。前列左から2人目が大村智さん（本人提供）

主な栄誉・受賞

1985年　ヘキスト・ルーセル賞（米国微生物学会）
89年　上原賞
90年　日本学士院賞
91年　チャールズ・トム賞（米国工業微生物学会）
95年　藤原賞
97年　ロベルト・コッホ金牌（ドイツ）
98年　プリンス・マヒドール賞（タイ）
99年　全米科学アカデミー会員
2000年　野口賞（山梨日日新聞社、山梨放送など制定）
　　　韮崎市名誉市民
01年　日本学士院会員
02年　山梨県政特別功績者
07年　ハマオ・ウメザワ記念賞（国際化学療法学会）
　　　レジオン・ドヌール勲章シュバリエ章（フランス）
11年　瑞宝重光章
12年　文化功労者
　　　韮崎市民栄誉賞
14年　ガードナー国際保健賞（カナダ）
15年　山梨県特別文化功績者
　　　文化勲章
　　　ノーベル医学生理学賞
16年　山梨県名誉県民

山梨科学アカデミーの講座で後進育成に力を注ぐ大村智さん（1999年）

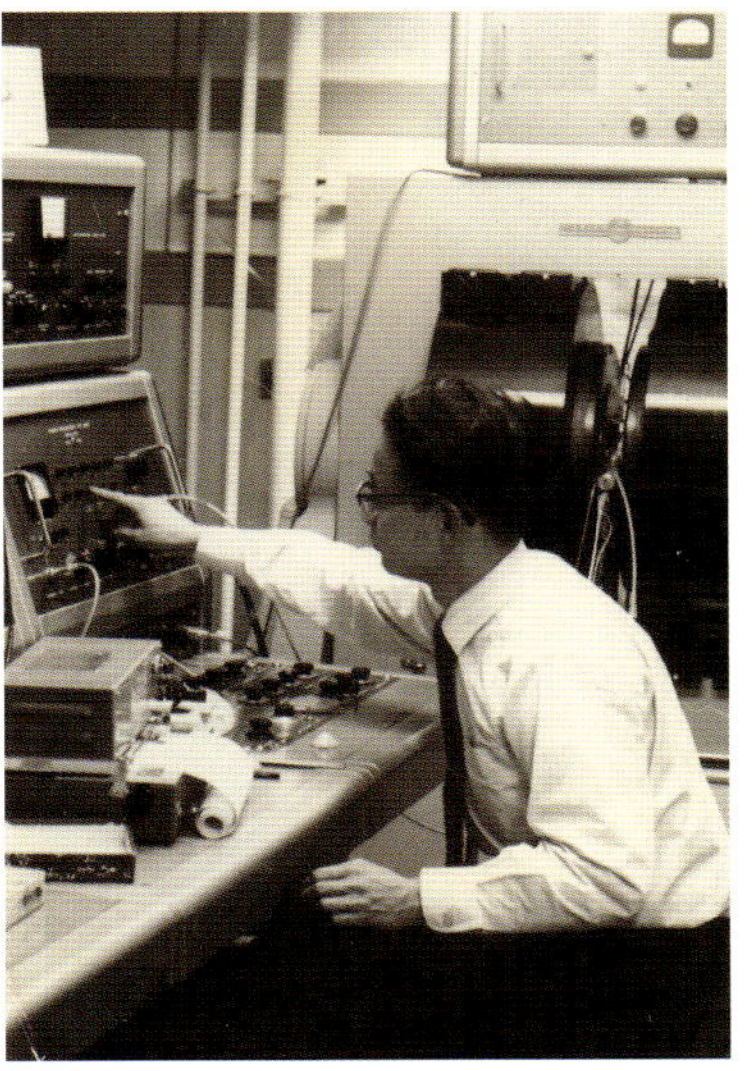
東京理科大大学院時代、東京工業試験所で測定作業をする大村智さん（1962年、本人提供）

米ウェスレーヤン大に留学していた当時の大村智さん（左）。右がマックス・ティシュラー教授（1972年、本人提供）

イベルメクチンの投与でオンコセルカ症から救われたガーナの小学生と交流する大村智さん（2004年、本人提供）

旅行に出掛け、土壌採取をする大村智さん（2004年、本人提供）

原点は「山梨」

（2016年1月1日、山梨日日新聞記事「新春対談」）

ノーベル医学生理学賞を受賞した大村智さん（写真左）と作家林真理子さん＝韮崎市の大村智さんの自宅庭

新春対談

ノーベル賞受賞 大村 智

作家 林真理子

ノーベル医学生理学賞を受賞した韮崎市出身の大村智さん＝北里大特別栄誉教授＝と、山梨市出身の作家林真理子さんが、韮崎市の大村さんの自宅で対談した。古里への思い、これからのことなどを語り合った。（2016年1月1日の山梨日日新聞）

◆**林真理子さん**　大村先生、ノーベル医学生理学賞受賞、おめでとうございます。

◆**大村智さん**　ありがとうございます。ノーベル賞がこれほど大騒ぎされる賞だとは知らなかったです。

◆**林**　うっかり外も歩けないのでは？

◆**大村**　この間、韮崎市に帰ってきて、道を歩いていたら、富士吉田市から来たという人が私を見つけて、車から降りてきて、涙を流して「今日は良い日だ」と言ってくれました。そんなことは初めてで、驚きました。

◆**林**　山梨県民にとって、これほど誇りに思うことはないです。先生のおかげで、私たち山梨県民が「山梨出身です。大村先生と一緒です」と言える。とてもうれしいことです。

略歴　**はやし・まりこ** さん

1954年、山梨市生まれ。日川高、日本大芸術学部を卒業後、コピーライターを経て作家となり、86年、「最終便に間に合えば」「京都まで」で第94回直木賞を受賞。その後、第8回柴田錬三郎賞、第32回吉川英治文学賞を受賞した。2000年からは直木賞選考委員を務める。

大村 私は子どものころ、祖母に「一番大事なことは、人のためになることだ」と言われて育ちました。自分に何ができるか分かりませんでしたが、その言葉はいつも頭にありました。

林 山梨県の小中高生も、自分たちもノーベル賞が取れると思ったかもしれませんね。

大村 「眺望は人を養う」という言葉があります。山梨は眺めのよい土地で、私も眺めのいい場所で育った。私はよく「ここに生まれてよかった」「この場所に育てられた」と思っています。皆さんも山梨県を誇りに思ってほしいです。

大村智さんの胸像を見る大村智さん（写真左）と林真理子さん
＝韮崎大村美術館

テーマ1 教えられたこと

林 ノーベル賞受賞が決まった後のニュースで印象に残ったのが、大村先生が都立墨田工業高定時制に勤めていた時、油で汚れた手で勉強する生徒たちを見て、自分ももう一頑張りしなければならないと思い、研究に打ち込むようになった、という話です。あの話は多くの人の心を打ったと思います。

大村 私はもともと、同級生より知識が5年遅れているという気持ちがありました。一生懸命に勉強する高校生の姿を見て、自分ももっと勉強しなければならない、遅れを取り戻さなければならない、という気持ちになりました。

林 それから、文化勲章を受章された後の記者会見で、亡くなられた奥様の写真がポケットから出てこなかった時に「恥ずかしがってます」とおっしゃったのも印象的でした。

大村 「奥様のものを何かお持ちですか」と聞かれたので、「写真が入っています」と答えたが、ポケットからすぐに出てこなかったので、思わずそう言ってしまった。後日、お招きいただいた茶会で、皇后陛下からも「大村さん、今日も写真をお持ちですか」と言われました。

林 よくおっしゃっている「人の役に立ちたい」というお考えについてお聞きしたいのですが。

大村 子どものころ、面倒を見てくれた祖母に「一番大事なことは、人のためになることだ」と繰り返し言われて育ちました。「情けは人のためならず、巡り巡って己がため」とも言われていました。子どものころは、自分に何ができるか分かりませんでしたが、その言葉はいつも頭にあり、少しでも人の役に立ちたいという気持ちで研究に取り組んできました。

林 大村先生の生家も見せていただきましたが、多くの本と、いすと机が置いてありましたね。

大村 この自宅には、仕事場が3カ所あります。「居は気を移す」という言葉がありますが、場所を変えると考え方が変わる。いいアイデアが浮かんでくることもあります。

林 ところで、子どもたちは今、スマホ（スマートフォン）ばかり見ています。本は売れず、私がおります出版業界は、厳しい状況。作家は大変です。大村先生のお力で、出版社や本屋さんなどをつくっていただいたら、うれしいです。

大村 本を読むことは大切です。本を読むことで脳を刺激し、字を覚える。スマホを見ていても、字は覚えないと思います。

林 山梨県の子どもたちは富士山を見て育つことで、気持ちが大きくなる。一方で、富士山の向こう側にある東京へのあこがれも強い。この二つの気持ちを良い方に育てることができたらいいのにと思います。

大村 山梨県の県民が自分の土地を誇りに思うことが大切だと思います。（詩人、評論家の）大岡信さんは「眺望は人を養う」と言っています。さきほど見ていただいて分かるように、私は眺めのいい場所で育った。「ここに生まれてよかった」「この場所に育てられた」と思います。山梨県は、都会と連携して、子どもたちが勉強する施設をつくるには最高の場所だと感じています。

テーマ2 古里への思い

林 ノーベル賞の受賞決定後、テレビに出演された時は、山梨弁、甲州弁で話されています。とてもうれしかったです。

28 語録

依存から脱却、自ら発想を

（2016年1月1日、山梨日日新聞記事「新春対談」）

◆**大村** 東京に出たばかりのころ、甲州弁にコンプレックスを感じた時期もありましたが、最近は直そうという気持ちもないです。同じような人たちが集まるよりも、さまざまな人が集まった方が、大きなことができると感じています。今、地方再生が課題となっていますが、地方でも子どもたちが思う存分、勉強できる環境をつくることが第一だと思います。20年前につくった山梨科学アカデミーでは、理科離れを防ごうと、小中学生や高校生を顕彰しています。

◆**林** 大村先生は、韮崎大村美術館を韮崎市に寄贈されていますね。素晴らしいと思うのは、ただ寄付するのではなく、自分で1年間運営して、どれくらいの経費がかかるかを計算してから寄付したことです。本当に科学者の発想だと思います。

◆**大村** 市に迷惑をかけてはいけない。自分はいいと思ったことでも、相手はいいと思わないこともあるでしょう。1年間、自分で運営して、予算を計算してから、寄付しました。市に喜んでもらえたようで、よかったです。

◆**林** 大村先生は、アイデアも豊富ですが、それを実際に実現している。

◆**大村** 確かに苦労はしましたが、さまざまな取り組みを実現できたのは、とても恵まれた人間だったからだと思っています。研究の成果として研究所に資金が集まったことに加え、多くの優秀な若い学者がそろった。私が口を出さなくても良い仕事をやっていて、今では、私がいたら邪魔になるくらいです。

◆**林** こんなに世の中のために尽くす科学者はいないと思います。山梨県の人は、山国根性などと言われるが、大村先生のような方もいる。山梨県の未来をどう考えますか？ 私たちが子どものころは、戦国武将武田信玄がもう少し長生きしていたら、山梨県が東京だったとよく言われましたが。

◆**大村** 山梨県はいいところです。眺めがいい。富士山が世界文化遺産になった時、地元の同人誌「中央線」に書きましたが、山梨県内にある富士山の眺望ポイントや、お勧めの時間帯を紹介するサービスを行うことを提案した。県外から訪れた人が、山梨県内のさまざまな場所を楽しむことができると考えました。

◆**林** 子どものころに行った甲府市中心街にはシャッターが閉まったままの店もあり、すごいさみしい気持ちがあります。どうすればいいのでしょうか。

◆**大村** 県などに何をしてほしいと頼るのではなく、自分が何ができるかを発想することが必要だと思います。みんなでこういう町にしようと議論をして、協力して実行すればいい。

◆**林** 東京で成功した後、山梨県に帰ってくる人は少ない。大村先生のように、東京で得たものを山梨県に還元するという考え方も大切なのではないでしょうか。

大村智さん（写真右）の案内で韮崎大村美術館内の絵画を鑑賞する林真理子さん
＝韮崎市神山町鍋山

テーマ3 文化を育てる

◆**林**　さきほど、韮崎大村美術館を見せていただきましたが、展示している作品の質が高かった。女性作家を中心に、抽象画から具象画まで、幅広さにも驚きました。特に、これまで見たことがなかった女性作家の作品も見ることができ、本当によかったです。大村先生の奥様への愛情が女性に対するリスペクトに変わったとも感じられました。

◆**大村**　人のまねをしないということをいつも考えてきました。美術館は、女子美術大の理事長をしていたこともあり、女性画家の作品を展示するのが特色の美術館にしようと考えました。

◆**林**　大村先生と女子美術大との結びつきは素晴らしい。女性作家の掘り起こしにも力を尽くされていますね。

◆**大村**　女流画家協会に「大村文子記念賞」を出しました。登竜門のような位置づけの賞です。

◆**林**　奥様の名前を付けられたんですね。

◆**大村**　私の名前ではなく、家内の名前にするように頼みました。女子美術大にも「大村文子基金」があり、パリとミラノに毎年、1人ずつ留学生を送っています。15年以上、続けていますが、毎年、生徒たちは見違えるように成長して帰ってきます。環境を変えるのは大切だと感じます。

◆**林**　大村先生と美術の結びつきはいつからですか。

◆**大村**　子どものころ、母親がミレーなどの複製画を部屋に飾ったことがきっかけです。自分もまねをしていたら、徐々に増えていきました。美術に関する新聞の切り抜きも集めました。今でも美術と科学に関する新聞の切り抜きは集めています。

◆**林**　私はそれほど素晴らしい絵は持っていないですが、家の居間などに飾っておいたところ、子どもが外で絵を見た時に「家にある絵と同じだ」と言ってくれた。すごいうれしかったです。

◆**大村**　子どもたちがそういう見方ができるようになるといいですね。写真集も好きで集めていますが、（山形県出身の世界的写真家）故土門拳さんの写真集を見た時は衝撃だった。赤痢菌を発見し、文化勲章を受章した志賀潔が、新聞紙を障子紙として使い、ぼろぼろの畳の家で暮らしていた。功労者があまりに貧しい生活をしていて、これでは日本はだめだと思いました。

◆**林**　大村先生は製薬会社と組んで研究費を確保し、さまざまな事業にも取り組まれています。

◆**大村**　日本は文化、科学なども発展していかなければならないと思います。私は、研究者でもこれだけのことができるということを証明する必要があると考え、意識的に、少し極端に言えば、派手にやってやろうと思い、さまざまな事業に取り組んできました。

◆**林**　派手と言っても、決して派手派手しいものではなく、美術館を見ても、非常に質の高いセンスのいいものです。

◆**大村**　埼玉の病院（北里大メディカルセンター）は、文化勲章を受章したような人たちの絵が並び、美術館と間違うほどです。スタッフからは絵が傷つけられることを心配する声もありましたが、患者たちの心を芸術で癒やすため、という気持ちで続けてきました。

◆**林**　友人の銅版画家山本容子さんが父親を亡くした時、病院のベッドに寝転ぶと、天井は真っ白な壁。あまりに殺風景で、父親はこれを見ながら死んでいったと思うと嫌になったと。この体験がきっかけで、山本さんは、病院に壁画や天井画を描くようになったと言っていました。

テーマ4 伝えたい言葉

◆**大村**　今、若い人たちに伝えたい一番大事なことは「恕」、つまり、思いやりだということです。そし

語録 29

今を重ねて、生ききる

（2016年1月1日、山梨日日新聞記事「新春対談」）

て、人を思いやるためには想像力が必要です。絵を見たり、自然の中に出て、好奇心を持って考えるうちに想像力は磨かれる。思いやりのある人は仲間が応援してくれる。自分自身の幸せにもつながる。

◆**林** 私が若い人たちに伝えたいのは、母親に言われた言葉ですが、「いかに自分が無知かを知ること」です。一流の人と知り合うと、自分がいかに何も知らず、無学かということが分かる。知らなくていいこともあるが、知り始めると、恥をかくこともある。本当に恥ずかしい思いをするが、ぜひ若いうちに恥をかいて、それをきっかけに頑張ってほしいと思います。

◆**大村** 高齢社会に贈りたい言葉は「生ききる」です。宗派を超えた仏教者の集い「南無の会」の会長であられ、101歳の長寿を全うされた故松原泰道さんからいただいた言葉です。「生きる」ではなく、「生ききる」。非常に重みのある言葉だと思います。

◆**林** 良い言葉だと思います。私が好きな著書に、（作家）沢木耕太郎さんの「世界は『使われなかった人生』であふれてる」があります。本当にそうだと思います。こんなはずではなかった、私の人生は何だったのだろう、という。人生を使い切っていないため、そのように思うんだと思います。

◆**大村** 生ききることができれば、そのように感じることはないでしょう。そのためには、今、自分がやれることを面倒に思わずにやることが大切だと思います。その都度その都度の積み重ねが、生ききることにつながっていく。

◆**林** 私は今、西郷隆盛の伝記を執筆しているところですが、生ききることができるように人生を使い切りたい。自分が何をできるのか、まだ分からないですから。

◆**大村** 「実践躬行」という言葉もあります。自分が言ったことは、しっかりと実行しなさいという意味です。私も、今まで取り組んできたことや、やろうと思ったことをしっかりとやっていこうと思っています。新しいことではなくてもいいと思います。

◆**林** 今日は本当にありがとうございました。同じ出版界の女性作家も後援してくださいね。新人賞などつくっていただけたらうれしいです。ぜひお願いいたします。

◆**大村** 山梨県から林さんのような文化人が出ることは頼もしいです。これからも林さんのような人が山梨県から大勢出てくるといいですね。韮崎市まで来ていただいて、ありがとうございました。

〈構成・高野芳宏、写真・広瀬徹〉

大村智さん（写真右）は作品を丁寧に紹介していた＝韮崎大村美術館

対談前のひとこま

大村コレクション巡り談笑

対談の前には、大村智さんが林真理子さんを案内し、自身が私費を投じて建設した韮崎大村美術館や温泉施設を訪れた。

美術館の1階展示室では、大村さんが、女性で初めて文化勲章を受章した上村松園など日本を代表する女性美術作家たちの作品を丁寧に紹介。鈴木信太郎の作品を紹介する2階展示室では、林さんが本の装丁を「とてもおしゃれ」と感想。「風呂敷もかわいい。売っていたら買いたいです」と談笑した。

2013年に同美術館の開館5周年をきっかけに設置された大村さんの胸像について、林さんが「若く見えますね」と話したのに対し、大村さんが「似てるとか、似てないとか言われて、戸惑ってます」と笑顔で応じる場面もあった。

温泉施設では、突然現れた2人に驚いた様子の利用者に、大村さんが「楽しんでいますか」と気軽に声をかけた。利用者の「はい」の答えに、大村さんは「良かった」と笑顔で応じていた。

古里
韮崎市

ゆかりのスポット

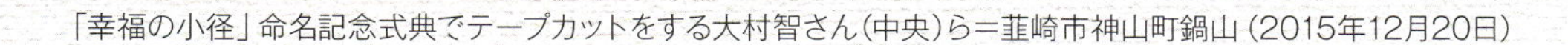

「幸福の小径」命名記念式典でテープカットをする大村智さん（中央）ら＝韮崎市神山町鍋山（2015年12月20日）

幸福の小径

大村智博士のノーベル賞受賞を記念して、故郷である韮崎市が命名した中学時代の通学路。武田橋西詰付近の甘利沢川さくら公園から大村博士が設立した韮崎大村美術館までの約1・8キロのコース。富士山や八ヶ岳などの眺望を楽しめ、市は小径沿いに大村博士の銅像や彫刻などの美術品を設置する。

韮崎大村美術館

韮崎大村美術館

▼住所　韮崎市神山町鍋山1830の1▼電話　0551（23）7775▼開館時間　午前10時～午後6時（11～3月は午後5時まで）▼休館日　毎週水曜日（祝日の場合は翌日）▼観覧料　一般510円、小中高生210円

武田乃郷　白山温泉

▼住所　韮崎市神山町鍋山1809の1▼電話　0551（22）5050▼営業時間　午前10時～午後9時▼定休日　毎週水曜日▼利用料金　大人（中学生以上）600円、子ども（3歳以上）400円

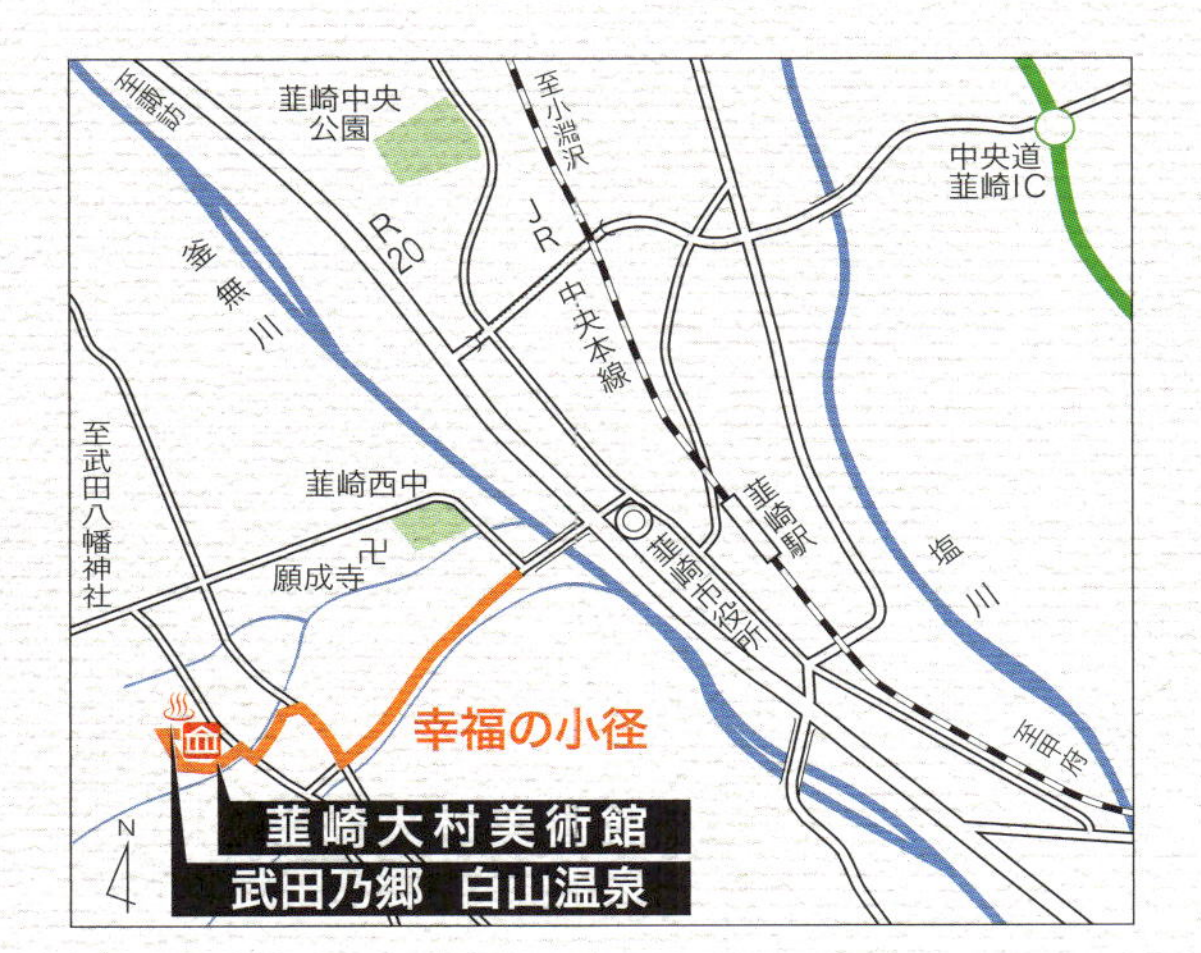

武田乃郷　白山温泉

30 語録

一期一会

「縁があっても気が付かない人、生かさない人がいる。出会いを大事にすることが人生では大切」

（2015年10月8日、北里生命科学研究所でのインタビュー）

◆次代へつなぐ30の言葉◆

大村智さんは、さまざまな機会を通じて人生訓や名言を発信してきた。読書で見つけたお気に入りの言葉は自らの哲学として「腹中有書」というノートにまとめている。授賞式前後を中心に、印象に残った30の言葉を語録として収録した。

01 実践躬行（じっせんきゅうこう）
02 敬神崇祖（けいしんすうそ）
03 一歩一歩が今日につながる
04 失敗は成功のもと
05 目標は人材育成
06 微生物は無限の資源だ
07 金を残す人間は下、仕事を残す人間は中、人を残すのが上
私は「上」になりたい
08 「農」まさに科学
09 自然と芸術は人間をまともにする
10 歴史を学ぶ習慣
11 至誠惻怛（しせいそくだつ）
12 人のためになることができないか考えてきた
13 求めていなければ授からない
14 幸運は高い志を好む
15 富士山が高いのは広大な裾野があるから
16 人のまねはしない
17 教育ほど確かな投資はない
18 居は気を移す
19 人生は習慣の織物
20 眺望は人を養う
21 人のために努力
22 21世紀は心の時代
23 最新の科学情報を教育現場に
24 強い気持ちが成果を呼び込む
25 豊かな感性から生まれる
オリジナリティーが大切
26 恕（じょ）
27 原点は「山梨」
28 依存から脱却、自ら発想を
29 今を重ねて、生ききる
30 一期一会

目次

◎表紙写真：ノーベル賞授賞式から一夜明け、メダルを手にインタビューに応じる大村智さん＝2015年12月11日、ストックホルム（共同）
◎写真説明文末に（共同）とある写真は共同通信社提供
◎おことわり：記事中の日時、肩書、名称、状況等は新聞掲載当時のものです。